前 言

江泽民同志曾经这样深刻地指出："不要在层层表态、层层开会、层层造声势上做文章，而要在层层抓落实、层层抓解决问题上下功夫。"拿破仑也曾经说过："想得好是聪明，计划得好更聪明，做得好是最聪明。"

这就是强调了关键在于落实的重要性。任何宏伟的蓝图，如果不落实，那也只能是一纸空文、肥皂泡沫里的幻影，可望而不可即。落实是一切美好愿望的归宿，任何一个目标的实现都是抓落实的结果。

作为一名员工，我们应当不折不扣地落实各项规章制度、脚踏实地干好本职工作，努力成为一名落实型的员工，才能充分履行我们的神圣职责和光荣使命，才能在职场中脱颖而出，才能实现自己的人生价值。这也是每一名员工由平凡到卓越的过程。"关键在于落实"是我们经常挂在嘴边的一句话，但究竟怎样去落实各项工作？这恐怕是很多员工都关心的问题。

落实，就是把口头上讲的、纸上写的东西付诸实施，并达到预期目标。虽然只有简单的两个字，但这两个字却是字字珠玑、字字千钧。

那么，如何做一名落实型的员工呢？

首先，应该牢固树立落实的观念，"观念决定思想，思想支配行为，行为决定结果。"只有有了这个观念，我们才能转变认识，并把认识深化为行为，才能保证各项工作落到实处。

其次，落实还要端正自己的态度。态度决定结果。曾经看到过这样一则故事，说的是在一家中外合资的制造企业，外国工人工作起来极其认真，不敢丝毫怠慢，甚者就连上厕所也都是急匆匆的。而他们在休息的时候，则是载歌载舞，连吃带喝，跟工作时简直判若两人。而我们的很多工人，却是边干边玩，边干边吃，边干边说，工作干不完时还借用休息时间，最终还没太大效果。就这样，感觉既没有工作时间又没有休息时间，整个一个"瞎忙"。

这则故事，绝没有小看和蔑视我国工人的意思，只是想说一名员工的工作态度的重要性。诚然，我们做好工作的方法和手段有许多种，不必局限于一条固定不变的途径，但是最终的效果可就不一样了，全身心地投入要比边做边休息那种好得多。

第三，落实的关键还在于行动。任何规划做得再好，如果没有付诸行动，不抢占先机，那也是白费，没有任何效果。除此之外，仅仅靠行动还是不够的，行动更需主动。积极主动地工作往往更能成功。

第四，蛮干不如巧干，落实要讲方法。职场中那些效率低下，办事不力的人是最不受人欢迎的，也是最先被裁

· 全球 500 强企业优秀员工培训读本 ·

The key
Lies in Execution

关键在于
落实

没有落实，一切都是空谈
心动不如行动，行动更需主动
马克思说："一步实际行动比一打纲领重要。"

白金版

企业管理出版社
ENTERPRISE MANAGEMENT PUBLISHING HOUSE

图书在版编目（CIP）数据

关键在于落实/朱兴佳，王华玉著. —北京：企业管理出版社，2010.4
ISBN 978 - 7 - 80255 - 370 - 5

Ⅰ. 关… Ⅱ. ①朱… ②王… Ⅲ. 管理学 - 通俗读物 Ⅳ. C93 - 49

中国版本图书馆 CIP 数据核字（2009）第 228374 号

书　　名：关键在于落实
作　　者：朱兴佳　王华玉
责任编辑：李　靖
书　　号：ISBN 978 - 7 - 80255 - 370 - 5
出版发行：企业管理出版社
地　　址：北京市海淀区紫竹院南路 17 号　邮编：100048
网　　址：http：//www. emph. cn
电　　话：出版部（010）68414643　发行部（010）68467871
　　　　　编辑部（010）68701891
电子信箱：80147@ sina. com　zbs@ emph. cn
印　　刷：三河市南阳印刷有限公司
经　　销：新华书店
规　　格：145 毫米×210 毫米　32 开本　5.5 印张　109 千字
版　　次：2010 年 4 月第 1 版　**2014 年 8 月第 7 次印刷**
定　　价：22.00 元

的对象之一。所以，工作中我们必须时时提醒自己，追求高效率的做事方法。如果我们从一味埋头苦干中走出来，用心去寻找做事方法，就会发现，原来每一份工作、每一件事情，都可以用智慧去武装，都能够用最省时省力的方式，达到最好的效果。

最后，团结力量大，落实需要协作。一个人的力量是有限的，只有与同事团结起来的力量才是无限的。面对激烈的社会环境，要想把工作落实到位，还需要与部门同事、部门与部门之间进行有效的合作。

本书运用通俗的语言，以理论与事例相结合的方式向您诠释了落实对于一名员工成长的重要性，阐明了落实的现实意义；并为有效落实提供了建设性的意见。通过阅读本书，读者将了解到怎样做一名落实型的员工，怎样成长为职场中的高手，怎样完成从优秀到卓越的蜕变。

目 录
CONTENTS

第四章 蛮干不如巧干，落实要讲方法

蛮干不如巧干，落实要讲方法。职场中那些效率低下，办事不力的人是最不受人欢迎的，也是最先被裁减的对象之一。所以，工作中我们必须时刻提醒自己，追求高效率的做事方法。

第五章 团结力量大，落实需要协作

一个人的力量是有限的，只有与同事团结起来，力量才是无限的。面对激烈的社会环境，要想把工作落实到位，还需要与部门同事、兄弟部门之间进行有效的合作。

第一章

没有落实，一切是空谈

马克思说："一步实际行动比一打纲领更重要。"要想在激烈的市场竞争中脱颖而出，只有靠落实。如果没有落实，任何规划、蓝图和设想、目标，也只能成为水中月、镜中花。没有落实，一切是空谈。

一、落实不到位就很难有所作为

在日常工作中，因职位高下、利益分配不均，有的员工对工作就推三阻四，甚至拖沓怠工；可也有员工照样兢兢业业、勤奋认真地工作。这是为什么呢？究其原因就是后者懂得落实不到位很难有所作为的道理。因此，只有这样的人才会在职场中胜出。

怀特25岁进入了一家集团公司，他被派往纽约分公司做财务工作。工作中，他发现分公司的财务软件与总公司之间有一些不配套的地方。虽然这只是小问题，但是处理起来也非常地烦琐，并且不可避免地会造成一些错误。

怀特决定完善这个软件，他请教了许多相关专业的朋友，经过一段时间的努力，他终于搞出一套改善程序，经测试达到了预期的目标。

改善后的软件被应用于财务工作中，员工反映非常好。几个月后，董事长到纽约分公司视察，怀特为他演示了这个软件。董事长十分欣赏这套软件的优越性能。很快，这个软件便被推广到集团各个分公司。一年后，怀特成了集团最年轻的分公司经理。

可见，在执行的过程中，只有真正把工作落实好才能有提职加薪的机会，否则只能被淘汰出局。如果工作总是落实不到位，那么将很难在公司中立足，最终也很难有所作为。无论是新员工还是老员工，一定要记住：任何一个单位都不需要一个没有执行力的人！

◈ 空谈只能失败

《汉书·礼乐志》中写道："临渊羡鱼，不如退而结网。"意思是说人只是站在河边，望着河中肥美的鱼，徒然羡慕，是永远得不到鱼儿的，还不如回家结张网来捕鱼。

这个成语告诉我们：空谈只能是失败，没有任何结果。世界上不论什么事，如果只是脱离实际的空想，或者夸夸其谈、纸上谈兵，而不脚踏实地地去实干，就像只站在河边，对鱼兴叹，而不去结网捕鱼一样，是什么也得不到的。反之，如果踏踏实实地去干，即使在实践中失败，也还能得到教训，接近"成功"一步。

落实，就是把口头上讲的、纸上写的东西付诸实施，并达到预期目标。空谈，就是只说不做，或者是不切实际地发表言论，只有言论没有行动。作为一名员工，谁不希望成功？要想成功就要明白，只有把自己的工作做好，才有可能获得进一步发展的机会。一名满口完美战略、绝妙招数的人，如果连做一个简单的工作都会错误百出，那么绝不可能有发展前途。

不管从事什么职业，做什么工作，当接到一项工作或任务后，就应该立即行动，只有做了才有可能完成任务；而接到任务就空谈完成后的好处，或者大谈条件和困难而不着手行动，结果只能是一事无成。职场中，一味说空话、讲大话的员工，只能让人反感和厌恶；只有恪尽职守、做事完美的员工，才会得到尊重和认可。

"空谈误国"、"空谈误事"的事例数不胜数；而做好每一件小事，不断把握发展机会做出不凡成绩的优秀员工也比比皆是。两者最大的区别就是一个空谈，一个实干。员工缺少落实的观念，工作落实不到位，任何辉煌的前景、宏伟的蓝图、理想的目标，都不会成为现实。

作为一名员工，与同事在基本相同的环境中工作，谁能取得成功，最终的决定因素通常在于工作的落实。员工的聪明才智、经验能力只有通过把工作落实到位才能显现出来，才能在竞争中脱颖而出。相反，只会空谈没有落实行动的员工，在职场中最终的结果只能是失败。

刘芳就是这么一个人，以坚韧不拔的毅力，坚定不移的信念，通过近五年的努力，使自己从一名普通的业务员成长为优秀团队的领导者，演绎了一段从家庭主妇向团队指挥者转变的传奇乐章。

刘芳一直深信，"只要方向对了，就不怕路远"，她时常和自己的队员说，只要有了目标，就持之以恒地去做，无论前方的路是否布满荆棘，只要努力过，就无怨无悔。起初，刘芳刚进保险行业的时候，由于业务不熟，工作辛苦，她的丈夫总劝她不要干了，辞掉这份工作。但是通过反复的思虑，她认为既然选择了保险行业，就一定要干出名堂来，随着时间的推移和取得的成绩，她的丈夫也逐步认可她的工作并给予极大的支持。

没有落实一切都是空谈。在刘芳的身上再次证明了"天下大事，必做于细，古今之事，必成于实"的道理。想到就要做到，做到就要看到结果，否则一切都是纸上谈兵，空中楼阁。

落实箴言

做好自己的工作，真正将工作落到实处，而不是停留在嘴上，是每个职场员工必须明白的道理。空谈只能失败，成功始于落实。

◇ 只有落实才能成功

生活中，有的人一提起成功，就觉得太困难，太遥远，总觉得成功与自己无缘，其实这是不对的。有位著名作家曾经说过：成功就是从一数到十，不要跳过就行了。每个人得到成功的机遇是平等的，而错过机遇的人不是将自己看得太高，就是将自己看得太低，从来都没有为成功付出过行动。

"落实"虽然仅仅是两个字，但要真正以实际行动来实施计划、实践目标，达到预期的效果，却并非是一件很容易的事。它需要有坚持不懈的韧劲，有坚定不移的意志。谁真正地将工作落到实处，谁才是真正的赢家。

职场中，有许多员工总是怕犯错误，为此不敢去执行，不采取任何行动。他们天真地以为这样就可以避免犯错误，避免被老板批评，其实殊不知这才是真正的错误。如果不采取行动，哪来的成功啊！

IT 界老前辈王安在他的回忆录《教训》中记录了这样一件事：

在他 6 岁的时候，在路上捡到一只活的小麻雀，欢天喜地地拿着跑回了家。到了家门口，想起妈妈不喜欢这类小东西进房间，于是，他就将小麻雀放在家门口，然后自己进房间询问妈妈可不可以。没想到妈妈竟然答应了，高兴的王安急忙去拿小麻雀。可是，不幸的事情却发生了，一只猫早已把小麻雀当作嘴中食物了。

虽然这是一件发生在儿时的小事情，但这也让王安记住了一句话：任何事最重要的是敢于去做。也正是这句话影响、激励了他。

员工除了敢于去做以外，还要踏踏实实地去做。经常有人会发出这样的疑问，"怎么会这样呢？我做了，怎么就没做好呢？"但你是否想过你是一步一个脚印地去做吗？

有一位网球教练问学生们：如果有一个球掉进草丛中，该如何去寻找呢？有人答，从草丛最浅处开始找。有人答，从草丛最凹处开始找。有人答，从草丛长得最茂盛的地方开始找。最后，教练宣布了他的答案，按部就班地从草地的一头找到另一头，就一定能找到。

这是一个简单的故事，但它却告诉了我们成功的真谛：踏踏实实地做好每一件该做的事，才能成功。

我们总是去崇拜比尔·盖茨的天才创举，惊叹张海迪逆境中造就的辉煌，赞叹芭蕾舞蹈家戴茜的翩翩舞姿，却往往忽视了他们辉煌背后的汗水和艰辛。他们为实现毕生的梦想和目标，都踏踏实实地做好了每一件该做的事，心甘情愿流下每一滴辛勤的汗水。

任何成功不仅要敢于去做还要踏踏实实地去做。高楼大厦之所以能顶天立地，是因为它踏踏实实地接受了每一块砖石的支撑；雄鹰之所以能翱翔蓝天，是因为它踏踏实实地磨砺了自己的双翅。

在工作中也是一样。如果理想不能转化为实际的行动，就绝不可能成功。如果只停留在敢于去做，而不踏踏实实去完成本职工作，那么成功的可能性也就很小。

落实箴言

如果理想不能转化为实际的行动，就绝不可能成功。如果只停留在敢于去做，而不踏踏实实去完成本职工作，那么成功的可能性也就很小。

✿ 落实就是竞争力

在职场中，每个人都有不同的轨迹，有的人成为公司的核心员工，受到老板的赏识；有的人牢骚满腹，总认为自己与众不同，而到头来仍一事无成；有的人平时默默无闻，踏踏实实最后却干出一番事业；有的人志向远大，很有想法，但到头来还是那么平庸……

众所周知，除了少数天才以外，大多数人的禀赋都差不多，那为什么结局却不相同呢？究其根源就是"落实"不到位，只有落实到位，才会有竞争力，才能在职场中脱颖而出。成功之道是很简单的，就是把平常的工作真正落实到位。

一个刚刚参加工作的年轻人对他的父亲说："自工作以来，我不但没学到技术，而且也没得到提升，况且公司效益一点儿也不好，我觉得已经没有在这里继续耗下去的必要了。"

父亲没有对儿子是否应该辞职发表意见，却别有意味地对儿子说："在这一段时间里，你是否真正做好你的工作了，你是否把老板交给你的每项工作都做到位了，你是否考虑过你和你的公司为什么会走到今天这个地步。"

这一段父亲跟儿子之间的对话，故事简单但道理深刻。成败的决定因素往往是落实，因为只有落实才是真正直接对结果产生作用的力量，落实就是竞争力。

没有执行力，就没有竞争力。有家名为星彦的地产顾问有限公司，他们接手了一个叫碧水华庭的楼盘销售项目。在刚开始接手这个项目的时候，可谓困难重重。但项目经理沈雪相信"没有执行力就没有竞争力，良好的执行力就是核心竞争力"。凭借这一信念，他们将每一项工作落到实处，最后终于取得了良好的楼盘销售业绩。

执行中，我们必须像军队作战一样，有令即行、有禁即止，不折不扣。没有任何理由而不去执行，不执行只能被淘汰出局。假如你是一名中层管理人员，工作不落实就可能造成管理中的疏漏，哪怕是一件很小的事情，都可能带来直接或间接的损失，大到影响公司的名誉，小到影响客户的满意度。假如你是一名销售人员，工作没有落实就会在销售工作中处于被动，甚至失去市场，造成重大的损失。因此，落实才是竞争力。

保证工作落实到位是一名员工创造业绩、晋级加薪的必要条件，做到落实到位，你将会在竞争激烈的职场中走得更稳、更远！

落实箴言

在工作中，每一个人都要切记：落实就是竞争力。只有把工作落实到位的人，才能展示出真正的聪明才干，才会让自己在激烈的竞争中脱颖而出。

二、员工的职责是落实

作为一名员工，无论在什么时候、在什么地方，都应牢记落实是自己的责任，忠诚负责地对待自己的工作。无论自己的工作是什么，重要的是工作要落实到位，努力做好自己的工作。只有那些勇于承担、不推卸责任的员工，才有可能被赋予更多的使命，才有机会获得更大的荣誉。

工作中，员工首先要尽量避免出错；一旦出错要敢于承担责任并积极补救。犯了错误还极力推脱就是一个缺乏责任感的人，或是一个不负责任的人，这种人首先失去的是社会和团队的基本认可，其次会失去别人的信任与尊重，最终也失去了自身的信誉和尊严。

清醒地意识到自己的责任，并勇敢地扛起它，把任何事情都落实到位，无论对于自己还是对于社会都将是问心无愧的。我们的家庭需要责任，因为责任让家庭更温馨。我们的企业需要责任，因为责任让企业更有凝聚力、战斗力和竞争力。我们的社会需要责任，因为责任能够让社会平安、稳健、和谐地发展。

有一句话讲得好："如果你能真正制好一枚别针，应该比你制造出粗陋的蒸汽机赚到的钱要多。"做一名落实型员工，就一定要有对工作高度负责的精神。因为，没有这种精神，就无法真正把工作落实到位，无法做到最好。

◈ 落实是每个人的责任

每个想实现梦想的人都曾为目标而努力过，但真正思考过，有计划、有方法的去实现梦想的人却很少，所以很多人在努力之后照样失败了。

莎士比亚曾说："生活如契约，每个人都有着不可推脱的责任。"爱默生也有类似的话："责任具有至高无上的价值，它是一种伟大的品格，在所有价值中它处于最高的位置。"

责任是一种与生俱来的使命，它伴随着每个人生命的始终。在现实生活中，只有那些能够勇于承担责任的人，才有可能被赋予更多的使命。然而"责任"却被一些员工理解成"麻烦"，错误地认为承担责任就会有麻烦。于是，该做的工作不做，该承担的责任不承担，成为工作之中看不出来、关键时刻站不出来的人。最后导致工作落实不到位。

无论你从事什么职业或是处在什么岗位上，都会有一定的职责。我们在执行工作任务时，只有履行职责才能把工作落实好。

1968 年一个漆黑的夜晚，在墨西哥市，坦桑尼亚的奥运马拉松选手艾克瓦里吃力地跑进了奥运体育场，无疑他是最后一名抵达终点的选手。这场比赛的优胜者早就领了奖杯，颁奖典礼也早就结束了。当艾克瓦里抵达体育场时，整个体育场已经空无一人。艾克瓦里的右腿沾满血污，绑着绷带，就这样，他一个人一瘸一拐地跑完体育场一圈，跑到终点。这一切被一位享誉国际的纪录片制作人格林斯潘尽收眼底，在好奇心的驱使下，格林斯潘走过去问道："比赛不是早就结束了吗，你为什么还要跑到终点啊？你这样做既不会给你的国家赢得积分，更不能拿奖。"

这位来自坦桑尼亚的年轻人回答说："我的国家从两万多公里之外送我来这里，不是叫我在这场比赛中起跑的，而是派我来完成这场比赛的。"

多么让人敬佩！马拉松赛跑起点只不过是一个开头，许多人在众目睽睽之下往往有一个出色的起跑，却很少有人有一个完满的终点。

落实工作，其实就像参加一场马拉松比赛，目标必须明确，无论在具体执行的过程中遇到什么困难，都要达到终点完成目标。

1995 年 7 月 6 日，海尔广州工贸公司与潮州用户陈志义约好于 7 月 8 日上门送去他选购好的一款滚筒洗衣机。那时，潮州还没有海尔的专卖店。

7 月 7 日上午，驻广州服务人员毛宗良租了一辆车，拉着洗衣机上路了。到下午 2 点时，车出了问题，可离最近的海丰城还有两公里路。烈日下，毛宗良守着洗衣机并拦车，但司机都不愿拉……此时已是下午 3：00 点了。"不能再等了……"毛宗良开始在路边找绳子，他决定将洗衣机背到用户家！

烈日下的温度高达 38℃，此时的小毛还没有吃中午饭，但为了抢时间，他背起重约百斤的滚筒洗衣机上路了。不一会儿，汗水便湿透了他的衣衫，偶尔路过的行人好奇地看着他，不明白这个小伙子为何要背着洗衣机在烈日下行走……

累了就歇一会再走。就这样，两公里路走了两个多小时，到达海丰城时，已是下午 5 点多了，此时的他又累又饿，浑身上下已被汗水湿透了，但他做的第一件事便是与销售公司联系，请他们派车来提洗衣机。

等到销售公司的车来，将洗衣机装上车出发时，小毛才想起，已有两顿饭没吃了。当他们到达潮州时已是夜里 12 点多了！7 月 8 日一早，洗衣机被准时送到用户家安装。

从毛宗良的身上不难看出，取得预期效果的惟一途径就是落实责任。美国得克萨斯州大学的校长詹姆斯·克拉克曾经说过："责任重于生命，我们的一生也许就是为了完成一个、两个或者更多的任务，履行我们的责任，尽管有些任务是我们不能完成的，只要尽责，那也是一种荣誉。"

总之，有了这种责任意识，员工才会积极主动地去提升自己的工作质量和服务态度，才能很好地贯彻落实领导所部署的各项工作任务，才能不畏艰难险阻使工作得到有效落实。

落实箴言

落实是每个人的责任。对于一名有抱负的员工而言，只有具备高度的责任感、拥有强烈的责任心，才能保证工作落实好，才能在职场中有所建树。

◈ 推卸责任就会被企业淘汰

在工作中，因偏差造成不必要的损失，是谁都不希望出现的事情。但在实际工作中，由于种种原因做错了事，造成了损失，作为一名员工，首先要做到的就是不能推卸责任。然而，在生活和工作中，为自己的错误竭力辩解开脱的人却比比皆是，他们以为这样会把责任推得一干二净，保全自己"从不犯错"的良好形象。

殊不知，在职场中不论是老板还是上级主管，一般都能够容忍员工犯错误，却无法宽恕员工有错还极力推脱责任的行为。现实中，因推卸责任而被单位淘汰出局的人远远多于因工作失误而被辞退的员工。

工作中，员工对错误的处理方式可以直接反映出一个人的道德品行和工作态度。要想成为一名称职的员工，对于自己应该承担的责任就该承担，而不是千方百计找理由推脱。

工作中员工犯了错误还极力推脱会出现怎样的状况，艾克松集团的副总裁爱德·休斯所说的话值得每个人深思。爱德·休斯说："工作出现问题是自己的责任的话，应该勇于承认并设法改善。慌忙推卸责任并置之度外，以为老板不会察觉，那就未免太低估老板了。我不愿意让那些热衷于推卸责任的员工来做我的部下，这会使我不踏实。"

可见，对于任何一名员工来说，犯了错误还推脱责任是有害无益的，很可能会因此断送一个人的前途。这样的员工在职场中注定是一个平庸的结局。所以，要想成为一名落实型的员工，工作中首先要尽量不犯错误。其次，一旦有差错，不应有竭力推卸责任的言行，要勇于承认错误并积极设法改善，以此显示具有负责任的精神。

有些人为了推卸责任，喜欢为自己辩护，极力向别人证明自己的清白，替自己开脱。实际上，这种行为是最不可取的。

洛纳里克曾担任一家集团公司亚洲部的采购主管。一次，另外一个部门的经理和自己部门的经理助理建议说，泰国有一种产品大量采购后，运到北卡罗来纳州会有很好的销路，但大量采购会透支账户上的存款。而该地区对零售采购商有一条至关重要的规则——不可以透支自己所开账户上的存款数额。如果账户上不再有钱，就不能购进新的商品，直到重新把账户补满为止——而通常这要等到下一个采购季节。

洛纳里克权衡后认为，按照往年的状况，这个季节不会再有新的采购任务，所以即使透支问题也不大；而且如果泰国的货物使公司大赚一笔，自己肯定会受到嘉奖。权衡之后，他采纳了两位建议者的主张。

但洛纳里克刚刚办完这件采购案，就接到了部门经理打来的电话。经理告诉他，有一种日本企业生产的新式提包在欧洲市场上特别受欢迎，要求他采购一批。这个始料未及的情况，一下子让洛纳里克慌了神。

此时，他只有两种选择：第一种，坦率地向经理承认失误，并配合经理向更高层申请追加拨款；第二种，把责任推到经理助理和另外一个部门经理的头上。最终他选择推卸责任，他在电话中大声控诉那两位乱出主意的建议者，并绘声绘色地描绘建议者对他的暗示和胁迫，表明自己是无辜的，是被人利用了。部门经理又气又急，采购日本提包的计划只得作罢。此事最终惊动了公司总裁，总裁认为责任全在洛纳里克身上，因为他是最终决定的人。并且认为他不能很好地承担责任，决定对洛纳里克做降职罚薪处理，分配到一个偏远部门任采购员，他的职业生涯由此趋向了平庸。

作为一名员工，不要一出现失误便寻找理由，证明自己的清白，为自己辩护、开脱。勇敢地承担责任，才能有出色的表现。

许多人怕犯下错误后承担责任，便想出了一个自以为很聪明的办法："不做任何决定"。他们认为不做决定就不会犯错，也就轮不到自己去承担什么责任。其实这是非常荒谬的。自己的工作等别人做决定，必然会使工作拖延。职场中不会有任何单位会容忍一个总不能按时完成工作的员工存在。

落实箴言

我们应该把推卸责任、嫁祸他人的时间和精力用到自己的工作之中，勇敢地承担自己的责任，坦率地承认工作中的失误，从失败中汲取教训，这样才会让自己的工作发生质的改变。

◇ 百分百履行职责

完成好自己的工作是每一名员工最基本的素质。自己的任务和工作，必须要百分百落实，绝不能打一丝折扣。工作中，只有付出百分之百的努力，才有可能将工作落实到位。

在落实工作中，应严格按照企业的既定计划行事，而不能自行其是，只有清楚工作的目标和自己的责任，才能百分之百地执行指令，落实自己的职责。如果说单位、团体像庞大的机器，那么每个员工就是一个个的零件，员工爱岗敬业，百分百履行职责，单位这部机器才能良好运转。如果滥竽充数，不仅导致单位整体工作效率下降，而且最终会使自身利益蒙受损失。

工作能否落实到位，与执行者的知识、能力有一定关系，但最大的区别还是对工作的态度，只有付出百分百的努力，才有可能百分百履行职责。工作落实不到位，任何借口和抱怨都于事无补。

奎尔是一家汽车修理厂的修理工，从进厂的第一天起，他就开始喋喋不休地抱怨，一会儿说"修理这活太脏了，瞧瞧我身上弄的"，一会儿又说"真累呀，我简直讨厌死这份工作了"，每天都在抱怨和不满的情绪中度过。他认为自己在受煎熬，在像奴隶一样卖苦力。因此，奎尔每时每刻都窥视着主管的眼神与行动，稍有空隙，他便偷懒耍滑，应付工作。转眼几年过去了，当时与奎尔一同进厂的三个工友，各自凭着精湛的手艺，或另谋高就，或被公司送进大学进修，独有奎尔，仍旧在自己的抱怨声中做他讨厌的修理工。

不管哪里都会有才华横溢的失业者。这些人对原有工作充满了抱怨、不满和谴责。要么就怪工作条件不够好，要么就怪老板有眼无珠，不识才，总之，牢骚一大堆，抱怨满天飞。绝少有人能够认识到自己之所以失业是失职的后果。对这样的失业者，"抱怨是失败的一个借口，是逃避责任的理由。这样的人没有胸怀，很难担当大任。"这句话可能是最贴切的评语。

落实箴言 ....

　　没有人会因为喋喋不休的抱怨而获得奖励和提升。只有百分百地努力，百分百履行职责，才是成为落实型员工的准则。

....

三、落实不力的原因

　　职场中，员工都知道自己的职责，也清楚任务完不成会有怎样的结果，所以，一般员工往往对如何尽快做完工作更尽心，至于工作的质量，则被放在次要的位置，只要没有大问题，差不多过的去即可。这就是典型的落实不力。对工作就像是买东西，上级命令买苹果，一般员工认为自己只要买来的是苹果不是梨就行，至于苹果的大小好坏则不会多注意。

　　落实不力通常有两方面原因：一方面是外因，另一方面是内因。

　　外因多是来自单位、团体及领导的原因。一是单位、团体的规章制度不健全，缺乏落实责任的制度，"没有规矩，怎成方圆"；二是有规章制度不执行，缺乏落实的监督检查制度，"有令不行，有禁不止"或"阳奉阴违"；三是违反规章制度不处罚，按规章制度办事不奖励，缺乏落实的奖惩追究制度，"守法不奖，违法不纠"。

　　内因是指员工自身的原因，就是缺乏不折不扣的落实态度。员工的职责是落实工作，对落实的态度，决定了一名员工今后在职场中是平凡还是卓越。没有好的落实态度，必然使工作不落实或落实不到位。

落实不力的原因非常明显，从外因和内因两方面同时入手不难找出解决方法。对所有人而言，最重要的都是要有不折不扣的落实态度。

◈ 持有"差不多"的态度

日常工作中，"差不多"的说法到处都是。员工落实不力，缺乏精益求精的精神，大多是对工作持有"差不多"的态度，不注重细节，不追求完美，对落实的偏差毫不在乎。有人曾经说过："轻率与疏忽所造成的祸患不相上下。"许多员工之所以失败，就是败在做事轻率，不追求精益求精，凡事都"差不多"这一点上。这些人对于自己所做的工作从来不会做到尽善尽美。

贝聿铭是一位世界知名的华裔建筑大师，他认为自己最失败的作品是一家宾馆，以致在宾馆建成后不愿意去看。实际上，在这家宾馆的建筑设计中，贝聿铭对宾馆里里外外每条水流的流向、水流大小、弯曲程度都有精确的设计，对每块石头的重量、体积的选择以及什么样的石头叠放在何处最合适都有周详的安排，对宾馆中不同类型鲜花的数量、摆放位置，随季节、天气变化需要调整不同颜色的鲜花等都有明确的说明，可谓匠心独具。但是在建筑施工的时候，项目监理对这些毫不在乎，"差不多"是那个样子就行了，随意改变水流的路线和大小，搬运石头时不分轻重，任意调整石头的重量甚至形状，石头的摆放位置也是随随便便，根本没意识到正是这些"匠心"方能体现出建筑大师的独特之处。看到自己的精心设计被"演化"成这个样子，难怪贝聿铭大师痛心疾首。

"差不多"就是错。什么叫差不多？差一分也是差，差九分也叫差；什么叫过得去？过去就是过去，没过去就是没过去；什么叫还可以？可以就是可以，不可以就是不可以。各种记载中，"差不多"导致的生命财产损失的例子不胜枚举，而恰恰是"混凝土沙子形状不对也必须重来"这样一丝不苟地落实到位，才造就了汶川地震后某校校舍仍矗立不倒的"奇迹"。

电影《泰坦尼克》里有一个镜头，在船要沉没、船尾翘起来的时候，船上所有的碗、杯子、盘子都散落满地。当时拍完这个镜头后，导演卡梅隆把盘子拿起来一看，发现这些东西上面都没有商标。而实际上，人们把真实的泰坦尼克号从海底打捞起来后，船上的碗、盘子、杯子都是有商标的。

卡梅隆发现这个问题后，决定重新拍摄这个镜头。影片投资人说："你疯了，一万多个盘子重新做一套，那可要很多钱啊。"卡梅隆说："那就扣我的薪水吧，即使我不领薪水，我也要把它重新做一遍。"于是，他们又重新做了一套带商标的碗、盘子和杯子，重新拍了一遍这个镜头。

不知全世界有几个人能看清盘子底下是什么商标，但可能正是"好莱坞"这种追求完美，"差一点也不行"的精神，才是使得美国电影风靡世界的真正原因。

落实箴言

职场中，任何一位成功的员工，永远都不会讲"差不多"、"过得去"、"还可以"这样的话。工作中杜绝"差不多"，每个员工都能成为奇迹的创造者。

◈ 不注重细节，不追求完美

古人云："千里之堤，溃于蚁穴。"再宏大的工程都会因忽视微小的细节而毁于一旦。一名员工，工作落实不到位，往往不是能力不够或工作不努力，出问题常常是由于一些诸如马虎之类的小毛病造成的。

生活中，一个人做到完美无缺可能很难，所以更要从小事、细节处严格要求自己。职场中，不能满足于完成的工作表现，要做到更好才能成为不可或缺的人才。工作中，要树立严谨些、再严谨些，细致些、再细致些的工作作风，改变心浮气躁、浅尝辄止的毛病，以精益求精的精神，把小事做细，把细节做精，不断提高落实能力，才有可能将工作做好。

美国标准石油公司曾经有一名小职员叫阿基勃特。他在出差住旅馆的时候，总是在自己签名的下方，写上"每桶4美元的标准石油"字样，在书信及收据上也不例外，签了名就一定写上那几个字。他因此被同事叫做"每桶4美元"，而他的真名倒没有人叫了。公司董事长洛克菲勒知道这件事后说："竟有职员如此努力宣扬公司的声誉，我要见见他。"于是邀请阿基勃特共进晚餐。后来，洛克菲勒卸任，阿基勃特成了第二任董事长。

在签名的时候署上"每桶4美元的标准石油"，这算不算细节？严格说来，这件小事不在阿基勃特的工作范围之内。但阿基勃特做了，并坚持把这个细节做到了极致。那些嘲笑他的人中，肯定有不少人才华、能力在他之上，可是最后，只有他成了董事长。

不注重细节，不追求完美，就不能将工作落实到位，这往往是许多重大决策都停留在了纸上，许多重点工作都落实在了表面，许多宏大的目标都成了海市蜃楼的真正原因。

职场中，员工之间不论是知识还是能力，差别不会太大。一名员工要脱颖而出，往往在于用心把每件小事做好，以一丝不苟的做事风格把工作真正落实到位。

落实箴言 ....

职场中，想做大事的人太多，而愿把小事做完美的人太少。一个做事不追求完美的人，是不可能成功的，而要做事完美，就必须注重细节。不注重细节，不追求完美，结果很可能是一事无成。

....

◈ 标准只停留在纸上

想要在职场中获得成功的员工，对企业的标准、制度，必然要坚决执行落实到位。标准和制度是为了保证战略决策的贯彻实施，而为全体员工制定的行为准则和依据。要想真正有效地保证决策变为现实，达到预期的效果，就需要制定规范严密的标准和制度，落实到位是建立在严格执行流程和标准的基础之上的。但光有制度和标准还远远不够，更重要的是员工如何遵守制度和标准，完成工作要求。同样的制度，同样的员工，因为落实的不同，企业的命运也会不同，而标准、制度只停留在纸上，不能落实到生产中，员工不能做到一丝不苟地落实到位，那标准只能叫挂在墙上的"废纸"。

有家大型国有企业因为经营不善濒临破产，后来聘请了一位德国人做厂长，厂里的员工都在企盼德国专家能带来一些先进的管理方法。出乎意料的是，德国专家到厂后，原来的制度没变、原厂的人员没变、机器设备没变，只是把以前制定的制度和标准坚定不移地执行下去。结果，不久企业就扭亏为盈了。如果这家企业的员工自始至终严格执行企业的规章制度，企业也就不会破产，也不会被别人收购了。

标准是否被严格执行，企业会有完全不同的命运。对一名员工而言，能否将挂在墙上的标准摆在心里，严格落实到工作中，也同样决定着自己的命运。再完善的制度和标准，不论是挂在墙上还是摆放在文件柜里，不能落实到工作中都是无用的文字。

俄罗斯一艘核潜艇沉没了，据说原因是鱼雷仓爆炸，鱼雷仓为什么会爆炸？是因为鱼雷掉了下来；而鱼雷掉下来是因为鱼雷的挂钩松脱了；鱼雷的挂钩松脱是因为挂钩生锈了，所以最根本的原因就是因为挂钩生锈。

不久之后，又有一艘俄罗斯核潜艇沉没了，原因是拖拉潜艇的钢索断了；拉拖的钢索断了是因为钢索中间断裂了；而钢索断裂也是因为生锈。

核潜艇上的各项制度和标准不可谓不全面、严格，但两艘核潜艇先后沉没，这说明什么？说明标准不仅要制定出来，还要严格地落实执行，否则小疏忽累积到最后必然是大灾难。

落实箴言

大到国家，小到个人，都有应该坚持的操守或规范，只有始终坚持了，才能逐渐走上成功之路；没有坚持，就只能永远跟在别人的后面，甚至遭受失败。

四、做一个落实高手

职场中，能够取得成功的员工，必然都是落实的高手，如果你认为做一位成功的员工很容易的话，那就错了。研究成功员工的成长经历会发现，他们大都付出了巨大的努力并在工作中真正做到了精益求精落实到位。

一个落实高手，仅仅掌握高于一般员工的专业知识是不够的，工作中处理问题的经验及社会中为人处世的能力也不可或缺。一名成功的员工，也不一定样样都优秀，但其综合能力必定超出一般员工。

综合能力的培养是一个循序渐进的过程，在成长的经历中，每个人在不同的生活阶段、工作环境中面对不同的事情，清楚自己的长项与不足才能有效加以改进，才能有效提高自己的综合能力。能力的提高需要信心、恒心、细心。

首先，面对问题与困难，员工要有自信心。请记住不要轻易说自己不可以，没有去做你怎么知道自己不行呢？要相信自己勇敢地去做，即使失败，还可以从失败的过程中总结很多经验。

其次，要有恒心。现在每个人都很有思想，有很多想法。但是一个人的成功之处不在于你想到多少而是将你的想法变为现实，而这就是在考验一个人，员工也许刚开始的时候还满腔热情，而随着时间的流逝就会懈怠，就很可能因此与成功擦肩而过。员工要立长志而不常立志。

另外，做人做事要细心，细节决定成败，不注意小的方面那就很有可能失去全部。

一个人的成功，其核心就是自身能力的形成。每一个人的成功都是个性的成功，每一个人成功都是悟性的成功。关键是，要做一个"有心人"。

◇ 树立落实的观念

拿破仑曾说过："世上只有两种力量：利剑和思想。而利剑总是败在思想手下。"这里的思想是指一个人的思想观念。思想观念能左右我们的思维和认识，能左右我们的行为和方式，能左右我们的目标和结果。

落实，是一种观念。一名员工如果没有树立落实的观念，那么在工作中就会忽视落实，眼高手低；遇到困难就会退缩；出了问题也不敢承担责任。落实也就不可能真正落到实处。

大家一定都读过彭端淑的《为学》，书中提到"天下事有难易乎，为之，则难者亦易矣，不为，则易者亦难矣。"事情并没有难与易，只有做与不做，落实与不落实而已。

李伟和吴鹏是好友，大专毕业后在没有找到工作前，他们都去参加了高等教育自学考试。开始时李伟是豪情万丈，接连通过五门功课。后来，李伟参加了工作，他难以适应工厂的新环境，每天的倒班、噪声及繁重的体力劳动，让他回家就睡，根本就没时间看书。为此，那一年的考试，他一科也没过。后来，他离开车间到办公室里工作。工作环境好了，应该说更适合学习了，但他早已把学习的事忘得一干二净，忙着找朋友，忙着喝酒应酬，忙着喝茶、看报纸、闲聊，再后来，又忙着结婚。而立之年已过，他发现自己仍然是大考文凭，职业发展也受到了很大的限制。

后来在一次聚会上，他看到了好友吴鹏。而吴鹏都已经研究生毕业了，现在在一所南方的大学任教。吴鹏说："在大专毕业后，我又自学了十年。先是读本科，参加工作后每天的学习时间是挤出来的，当时不论多累，都坚持学习。白天上班就晚上学习，晚上上班就白天学习，就是这样一门学科一门学科的过。本科毕业后，我又决定要考研。有人劝我说，考研很难，我还是参加了考试。我惊喜地发现考研并不像想象中的那样难以逾越，尽管第一次考研成绩不理想，但却坚定了我的信心。接下来，我又连续考了两年。最后终于考上了。"

这个小故事生动而又形象地说明了观念对落实的作用。实际上，我们任何一项工作任务的完成都是落实的结果，而观念在这一过程中起着决定性作用：

如果缺少落实的观念，那么任何辉煌的前景、宏伟的蓝图、理想的目标，都不会最终成为现实；有效的方法、创新的思路、重要的工作精神，都只能是画饼充饥而已；完善的措施、缜密的计划、严格的制度、正确的政策，都只能成为一纸空文。

树立落实的观念，不能虚张声势、浮于表面走过场，必须要讲究实效，体现在行动上，对整个需要完成的工作，要始终如一地认真的对待，按照操作程序和规范进行，不能投机取巧、哗众取宠，要全身心投入到工作之中去，具备了以上的条件，你的工作就能达到比较理想的工作状态，就能创造出非凡的工作业绩。

树立落实的观念，是落实的前提条件，只有有了这个前提，我们才能转变认识，转变行为，时时刻刻想到落实，才能有效地保证落实。

落实箴言

"观念决定思想，思想支配行为，行为决定结果。"只有加强落实，牢固地树立落实观念。才能有效地执行企业所制定的各项管理规章制度，才能把工作落到实处，才能有效完成任务！

◈ 不断充电才能成为行家

当今世界，科技发展日新月异，不论是刚刚参加工作的新员工，还是已经拼搏了一段时间的"老"员工，都应该不断给自己"充电"，毕竟每个人都面临着越来越激烈的竞争，一个员工只有不断充实自己，才能积聚实力把工作落实到位，否则将难以生存下去。

若想做到把工作落实到位，仅有干劲远远不够，更要有真才实学。真才实学不仅包括做好工作必需的专业知识和能力，还包括为人处世的社交能力，即必须具备较强的综合实力。综合实力的提高往往有一个过程，不仅要掌握更新的专业知识，还要积累丰富的社会常识和处世经验。除了虚心向领导、同事请教、学习之外，自觉地不断给自己"充电"，往往是提高自己综合实力最有效的手段。

西班牙有一句俗语："一个心不在焉、毫无准备的人，就是穿过森林也不会看到一棵树的。"很多人对于自己的工作或出现的问题，不是心不在焉，就是毫无准备，也不留心思考如何才能提高自己的落实能力，这样的员工很快就会被淘汰。只有那些精明能干善于思考，对工作有充分准备，不断给自己"充电"，提高自身实力的员工，才可能在职场中取得成功。

俗话说："对工作有利的，就是对自己有利的"，如果一名员工在开始工作时，就能记住这句话，在工作中努力做到落实到位，其前途一定不可限量。职场中，大家都在为自己的成功拼搏，而在成功的路上，通过不断"充电"学习，提高自己的落实能力，才能成为工作中的高手、行家。

成功员工与失败员工最主要的差别就是：成功者始终都用最积极的态度去学习，以乐观的态度去思考。而失败者则相反，他们并不把过去的失败看成是一个积累经验的过程，而是消极地怨天尤人、不思进取。

不善于学习的人不会成功，职场中根本没有成功的捷径，只有走在前面的人才是成功者。没有文化知识、实践知识、修养素质以及自我提高的能力，就会很容易被别人超越。一位成功人士的话很值得借鉴："成功的路上，没有止境，但永远存在险境；没有满足，却永远存在不足；在成功路上立足就要学习、学习、再学习。"

科学技术的高速发展，使今天很实用的学问在明天可能就被淘汰，在日新月异的知识更新过程中，员工应自觉"充电"永远不自满，树立渴求新知识的积极心态，才能不断提高实力，真正成为行家。

香港首富李嘉诚是在任何情况下都不忘记读书"充电"的人，他形容自己不是求学问，而是抢学问。他12岁到香港即担负起赚钱养家的重任，工作之余其他同事打麻将玩乐，但他上进心极强，时时捧着书埋头苦读。苦读英文使李嘉诚与其他早期从内地来香港的人有所区别。早在他办塑料厂时，他已订阅英文杂志，懂得英文使他可以直接飞往英美，参加各种展销会，直接谈生意，了解世界最新的行业动态。

如今李嘉诚虽已高龄，仍爱书如命，他从不看小说、娱乐新闻，挤出时间用来学习最新知识。他最喜爱看科技、经济、哲学、历史方面的书，每晚睡前都要看一会儿。因为有丰富知识的不断积累，李嘉诚不只跟随社会进步，更比社会进步快一点。这从他跳出塑胶厂发展地产，再搞电讯、港口、网络生意、投资国外等都可见一斑。

落实箴言

自觉地不断"充电"，掌握更先进的专业知识，积累更丰富的常识经验，才能不断提高自己的综合实力，逐步成为工作中的高手、行家，把工作真正落实到位。

◈ 充分挖掘自己的长处

正如世界上不会有两片完全相同的树叶一样，每个人都与众不同，具有特殊的天赋和才能，不同于这个世界上的任何一个人。要清楚自己的长处与不足，经常对自己独特的天赋与能力进行分析与评价。你什么事情做得最好？你最擅长的技能是什么？什么事情对别人来说十分困难、在你却是轻而易举就能够完成的？回顾以往，什么行动为你带来了生活和工作上的成功？职场中，认清自己，主动扬长避短的员工，往往能取得惊人的成绩。

曾经有一位喜爱摔跤运动的少年，在车祸中不幸失去了左臂，他没有自暴自弃，决心继续学习。他找到一位具有丰富经验的教练认真地学习，不过令他不解的是，半年过去了，教练却只是重复的教他同一个动作。他忍不住问教练："您能不能再多教我一些动作？"

教练回答他说："你只要把这个动作学好就可以了。"虽然男孩并不了解教练的用意，但他相信教练的话，继续努力学习。又半年过去了，教练决定带他去参加一个全国性的比赛。在比赛中，他很熟练地运用教练所教的动作，一路过关斩将冲入决赛，虽然很多对手都强悍得令他几乎招架不住，他仍然在一番苦战后反败为胜，最终获得了冠军。

回家的路上，男孩问教练为什么只用教练所教的一个动作，他就赢了这场比赛。

教练回答他说："有两个原因：一是我教你的招式是摔跤中最难的一个动作，你刻苦练了一年，所以很精通，能自如运用；二是想要破解这个招式，其实很简单，就是一

定要抓住你的左臂。而你没有左臂，当然也就没有人能够
战胜你。"

每个人都有不足的地方，但运用巧妙，不足也会有意
想不到的力量。男孩最不足的地方，最后竟然成了他克敌
制胜的关键。

职场中，员工的成功离不开自信心，人的自信心多来
源于自己的强项，但巧妙运用弱点，就可能成为自己工作
中的长处。何况每个人一般都会有不同的强项，所以更要
在工作中充分挖掘自己的长处。一般人都会有自己特别喜
欢做的事情，确定自己喜欢做什么，然后全身心地投入到
这项工作中，直到把它做得无可挑剔，就会成为落实的
高手。

员工也可以在工作中通过不断努力，培养出自己的长
处，前提是必须热爱所从事的工作，把全部精力投入到对
员工自身成长最重要的事情上去，这样就可以充分展露才
华取得成功。

落实箴言

看清自己，考虑自己最擅长做什么，由此寻找最喜欢
做的工作，容易取得成功。热爱所从事的工作，从中挖掘
自己的长处，把工作落实到位，也一样会取得成功。

第二章

态度决定结果，落实要端正态度

态度决定结果，落实要端正态度。很多事情，不在于本身的好坏，而在于对它的态度，态度决定取舍，态度决定结果。做好工作的方法和手段有许多种，不必局限于一条固定不变的途径。全力以赴和敷衍了事去做某项工作，所取得的工作成果肯定是不相同的。工作能不能出色地完成，很大程度上取决于对工作的态度。因此，在工作中一定要调整好心态。

一、做好了才叫做

做好了，才叫"做"，这句话一针见血地指出了许多人在工作中最容易犯的错误：在做工作时，只是满足于"做"，却不重视"做好"。一旦出现问题，还振振有词地说："我不是做了吗，已经尽力了。"其实，这是极其错误的想法。表面看起来，好像整天在付出、在努力、在忙，但是这种忙，却是穷忙、瞎忙，没有任何效果。

一年冬天，猎人带着猎狗去打猎。猎人一枪击中了一只兔子的后腿，受伤的兔子拼命地逃生，猎狗在其后穷追不舍。可是追了一阵子，兔子跑得越来越远了。猎狗感觉追不上了，只好悻悻的回到猎人身边。

猎人气急败坏地说："你真没用，连一只受伤的兔子也追不到！"

猎狗听了很不服气的辩解："我已经尽力而为了呀！"

兔子带着枪伤成功地逃生回家后，兄弟们都围过来惊讶地问它："那只猎狗很凶呀，你又带了伤，是怎么甩掉它的呢？"

兔子说："它是尽力而为，我是竭尽全力呀！它没追上我，最多挨了一顿骂，而我若不竭尽全力地跑，可就没命了呀！"

兔子这句话是不是对你有很大的启发？"做好了"与

"做了"还是有很大区别的。虽然，只有一字之差，但却有着本质的区别。前者是对工作品质的负责，对工作目标的负责，后者只不过是走过场糊弄人。

因此说一个人能不能把工作落实到位，执行力强不强，关键就看他是重视"做了"还是"做好了"。因此我们若想把工作完成好，不使自己瞎忙，那么就要在工作中重视"做好了"。

◇ 多做事情，少问问题

职场中，落实型的员工都能做到多做事情，少问问题。而一般员工接到工作，常常是先问一大堆问题，很少能够马上去做。作为一名员工，有工作就是立刻落实，对待工作必须要有主动性。上级交代的任务，就是给你一个目标，至于采取什么方式去实现目标，那就是员工应该考虑的问题。

目标、任务有时可能会不太明确，作为员工，落实却必须是由实实在在的工作组成的。如果领导交给员工的工作，员工都能不多问一句就落实到位完成好，这样的员工才有可能在职场中取得成功。

很多人都知道把信送给加西亚的故事。

美西战争爆发后，美国必须立即与反抗军首领加西亚取得联系。加西亚在古巴丛林里，没有人知道确切的地点，所以无法带信给他。然而，美国总统必须尽快地获得他的合作。怎么办？有人对总统说："有一个名叫罗文的人有办法找到加西亚，也只有他才找得到。"

罗文来后，总统交给他一封写给加西亚的信，并对他说："这是一封非常非常重要的信，请交给加西亚。"罗文接到这封信后，只说了一句："我会尽全力。"然后藏好这封信就出发了。

信最终交到了加西亚手中，至于罗文如何把那封信交给加西亚的细节暂且不说。这故事的关键是，美国总统把一封写给加西亚的信交给罗文，而罗文接过信之后，并没有问："他在什么地方？"这就是一种敬业精神，对上级交代的任务，能够立即采取行动，全心全意去完成任务。

很多人在接受任务时，总会问很多问题，诸如：加西亚住在哪里？我怎么去找加西亚？如果加西亚不在怎么办？我去找加西亚有没有车费？我什么时间去啊？危险不危险啊？有没有人会抓我啊？……试想一下职场中的每一位，是不是问得太多做得太少了呢？

只有像罗文这样的员工才是一名能落实到位的合格员工。那些懒懒散散、对事漠不关心、做事马马虎虎的人都是被动地做工作。在领导交给一项任务时，总是抱怨、推脱、问这问那，最后的结果往往是完不成任务。

落实箴言

落实不力的员工，总是问得多而做得少，这样的员工，永远都是不知道自己的目标在哪里，也不知道自己做事的意义是什么，他们常常是企业、团队最先淘汰的目标。

◈ 抱怨只会让事情更加糟糕

小江最近心情越来越不好，看见许多同学有的当了领导，有的工资非常高，再看看自己，这几年职位一直没有改变，工资也不高，而且工作特别多，有时晚上回家也得工作。因此，有一段时间，他特别不愿意做工作，领导交给他的工作他也不着急，总想着让同事帮着做。在单位，看见谁他都抱怨，总说工资不高，工作还特别累。刚开始，有的同事还听听，后来大家都忙着做自己的工作，很少有人听他说话了。

职场中，像小江这样的人不在少数。他们每天不是抱怨这儿就是抱怨那儿的，抱怨公司的政策不够好；抱怨自己的工资太低；抱怨自己干得太多；抱怨公司的资金不够用；抱怨采购的效率太低；抱怨采购的质量不能达到客户的要求；抱怨老板太过抠门……总之不停地抱怨，总能找到抱怨的对象。

抱怨不会改变你的境况。改变境况的办法有很多。因为事情在现实中已经存在了，而且是无法改变的，这就是事实。抱怨不仅不会改变目前的状况，还会使事情更加糟糕。抱怨时时在身旁，事情还能做好吗？只能是越变越糟。抱怨无法改变事实，还徒添烦恼，影响个人形象。持有事事抱怨的态度，只会把事情搞得更糟，根本不可能把工作落实到位。

驴子需要给农夫做大量的工作，但是农夫却给它很少的草料。于是它委屈地跑去请求宙斯，让它离开农夫，换到好一点的主人那里去。宙斯答应后，把它卖给一个陶工，而陶工让它搬运沉重的黏土和陶器，这样它比以前更劳累。驴子又一次请求宙斯给它换一个主人。宙斯很爽快地答应了，又把它卖给了一个皮匠。驴子一到皮匠那里就后悔不已，痛苦地说："我真不幸！留在以前的主人那里该多好啊！现在连我的皮都得交给这个主人了。"

比尔·盖茨说过："当你陷入困境时，不要抱怨，默默地吸取教训，积累经验，这些是你成功的必经之路。"

著名成功学家奥里森·马尔登同样说："过多的抱怨只是一个人衰老的象征，真正的强者是从不抱怨的。命运把他扔向天空，他就做鹰；把他置身山林，他就做虎；把他放到草原，他就做狼；把他投到大海，他就做鲨。"

英特尔公司前总裁葛洛夫更是一针见血地指出："抱怨能够解决问题吗？抱怨能够帮助你改变现状吗？抱怨能够使你的工作、学业、生意越来越好吗？什么都不可能。与其如此，还不如让自己暂时抛弃那些让自己烦心的事情。多想想自己怎么才能更快更好地解决问题，这比在那儿抱怨要强上百倍千倍！"

可见，职场中，员工要学会以思考替代抱怨，用行动替代牢骚，豁达面对工作中的各种困难和挫折，勇敢面对生活的各种挑战，始终保持着蓬勃的朝气、昂扬的锐气，只有这样，才能把工作落实好。

落实箴言

职场中，我们要学会以思考替代抱怨，用行动替代牢骚，豁达面对工作中的各种困难和挫折，始终保持着蓬勃的朝气、昂扬的锐气，只有这样，才能把工作落实好。

◈ 理性面对领导的批评

在职场中，受到老板、领导的批评是常有的事情。当老板当面大声斥责你的时候，你是如何做的呢？不知你是否因伤了自尊而处于自我防卫状态，竭力地为自己辩解。如果是这样，问题可能更加严重。面对领导的批评，员工一定要理性对待。

喜表扬，恶批评，是一种普遍存在的心理现象，几乎没有人喜欢听批评。但当老板批评时，我们首先应当认识到，只要老板的出发点是好的，即使他态度有些生硬，言辞过激一些，方式欠妥一些，也要适当给予理解和体谅。

如果我们不去冷静反思、检讨自己的错误，而是一味纠缠于领导的批评方式是否对头，甚至当面顶撞，只会激化矛盾，更加有损于自己的形象，甚至有可能丢掉饭碗，最终是得不偿失。事情真的发展到那么严重的地步了吗？很多时候根本就没有。只是自己在把事情一点点逼到绝境，有时甚至想挽回都不可能了。

吴志军是一家建筑公司的工程预算师，专门估算各项工程所需的价款。有一次，他估算的一项价款被一个督察员发现估算错了一万元，领导便把他找来，指出他算错的地方，请他拿回去更正，并希望他以后在工作中细心一点。

没想到吴志军既不肯认错，也不愿接受批评，反而说那个督察员大惊小怪，自己只是算错了一万块钱而已。

领导问他："那么你的错误是确实存在的，是不是？"

吴志军不再狡辩，说："是的。"

对于吴志军的态度，领导本想狠狠地惩罚他一番，但看在他平时工作成绩不错，就原谅了他，只是叫他以后要注意。

不久，相同的错误又发生了。领导把他找来，准备和他谈谈这件事，可刚一开口，吴志军就很生气，认为是领导故意和他过不去："不用多说了。我知道你还把上次那件事记在心上，现在特地请了专家查我的错误……"

不等吴志军说完，领导便把专家核查的结果拿出来给他看，这时吴志军傻眼了。随即，他的态度来了个180度大转弯儿，赶紧向领导承认错误。但这次领导没有再给他机会，直接就把他辞退了。

理性面对领导的批评。在具体的应对方式上，我们应把握以下几条原则：

1. 领导的出发点是为了把工作做好

当受到领导的批评时，一定要从大局考虑，领导是为了让你尽快融入工作当中，可以更好地完成工作。不仅仅如此，培养优秀员工是领导的工作职责，领导批评员工更多的是想让员工尽快成长起来。

2. 维护领导的形象是十分重要的

作为员工，维护领导的形象是十分重要的。领导是企业或者部门的决策者和指挥者，有其特殊的公信力和权威性，必须具有良好的领导形象。作为下属，无论何时都要坚决维护领导形象。面对批评，下属需要保持理性和清醒的头脑，即使暂时蒙受委屈也要坦然处之、虚心聆听，在适当的时候再予以解释。

3. 面对批评，要心平气和，不要不服气，更不要牢骚满腹

如果你不服气，发牢骚，那么，产生的负效应将会让你和领导的距离拉大，关系恶化，无法很好地接受领导的工作安排，也就无法完成各项工作。

古人云"忠言逆耳利于行"，只有理性地面对领导的批评，我们才会不断克服不足，积累经验，把工作落实到位。

落实箴言

落实行动远比空喊口号重要，在聆听和接受领导的批评以后，要快速、及时地将批评和压力化为动力，认真加以改进，确保今后不犯同样的错误。

二、说到做到，诚信为本

诚信是一种高尚的品质，也是做人的一个砝码。说到做到，不仅是对自己的负责同时也是对他人的负责。一个不守信的人是不会有什么好下场的。

《郁离子》一书，就曾记载过这样一个故事：

在济阳，有个商人过河时因风大船翻而掉进了水里。他抓住一捆大麻秆，高声呼救。一位渔夫听到呼救声，赶忙过来救他。商人逃命心切，见有人来救，便许诺说："我是济阳的富翁，你若能把我救上岸，我给你 100 两金子。"

渔夫把商人救上了岸，可商人只给了他 10 两金子。渔夫问他说："你不是说给我 100 两金子吗，怎么只给我 10 两？"

商人听了他的问话，马上变了脸，回答他说："你一个渔夫，一天能打几条鱼？能赚几个钱？能得到 10 两金子还不知足？"

渔夫很不高兴地走了。过了些日子，那位商人乘船渡河时，船触了礁，慢慢地往下沉。正巧，先前救他的渔夫正在不远处。于是，他又大声呼救。渔夫一见是那位说话不算数的商人，就停住船，不理他。结果，商人掉进河里淹死了。

在这里我们暂且不说渔夫见死不救好与不好，但商人最终掉进河里被淹死，是他不守信的缘故。

可见，诚信对于一个人来说多么重要。职场中也是如此，既然在这个公司上班，坐到了这个位置上，就等于你承担了某项责任，一定要尽全力去落实，其实这就是一名员工最基本的诚信。

◈ 落实是一种诚信

作为一名员工，接手了某项工作，其实就是告诉别人"我能够把工作落实到位"，正如孔子所言："言必信，行必果。"如果不能完成或不能做好，其实就是一种失信。对于员工来说，诚信意味着要对自己诚实、对客户诚实、对公司和工作诚实，只有做到诚实，才能明白自己的优势与不足，知道客户到底需要什么，才能将工作落实到位。

人无信不立，诚信是立身处世的准则，是人格魅力的体现，是衡量员工个人品行优劣的重要标准之一。只有诚信，才会让员工去为了实现自己的承诺而积极努力。一个真正注重诚信的员工，在不能履约的时候，必定会毫不犹豫地对自己失信的行为负责，及时地采取必要的措施来弥补由自己的失信所造成的损失。一个拥有诚信的员工，会赢得更多的机会，因为他热爱工作，能做到务实、正直，重视顾客的真实需求，并能够一丝不苟地落实到位，自然会赢得顾客。

李老板一次在上海的一家西餐厅吃牛排。他要求的是要七分熟的牛排，牛排端上来却像牛肉干一样，李老板对服务员说："这好像不是七分熟。"服务员没说话，用刀一切然后说了声"对不起，我们马上给您换一份"，就把牛排收走了，然后拿了些小菜让李老板先吃着。过了一段时间，新的牛排出来了，完全符合李老板的要求。后来，李老板不但常常去那家西餐厅，还带了一些朋友同去。

工作中，肯定会遇到一些意想不到的问题，关键是直接面对客户的员工如何处理，只要认真对待自己的工作，始终把诚信放在首位，就一定能让客户满意。

张先生去青岛出差，住在一家有名的五星级酒店。晚上 11 点，他到楼下去点了皮蛋瘦肉粥，一吃是馊的。他对服务员说："这粥好像坏了。"那个服务员一声不吭地把粥端走了，没多久又进来说："先生，您重新点一个吧。"也没说刚才那份是不是坏的，张先生就又点了一个海鲜粥，她说没有了。张先生只好点了一个三明治。从那以后，张先生去青岛再也没有住过那家酒店。

相比之下这个酒店的服务员就不够诚信。如果这个服务员知道酒店里的粥都馊了，可以在开始的时候直接让顾客点别的；如果她开始并不知道粥馊了，但是在顾客吃出来粥馊了的时候，就应该对顾客说："对不起，这是我的错。这盘水果算是对您的赔罪，请您品尝一下。"可是她什么都没说，对顾客的感受一点都不重视。这样的员工就是落实不到位，失去了诚信。

在工作中，如果忘记了守信的道德规范，言行不一，口是心非，阳奉阴违，对工作必然不能落实到位，对别人失信，别人也会对你失信，最终会为失信而付出巨大的代价。

落实箴言

作为员工，首先要注重诚信，一个人一旦不讲诚信，工作的落实就会打折扣。一个诚信的员工，知道自己努力的方向，会不断提高自己，在成长的道路上就不会随波逐流，迷失方向。

◈ 说了就要努力做到

华盛顿曾说过："自己不能胜任的事情，切莫轻易答应别人，一旦答应了别人，就必须实践自己的诺言。"作为一名员工，说了就必须努力做到。

什么是努力呢？努力就是不仅用心认真做事，而且要"竭尽全力"去做。一个小小的"竭"字，其含义深刻，代表着工作干劲，也代表着一丝不苟。

美国的泰勒牧师曾经在一次小学布道会上，向参加大会的全体小学生郑重其事地承诺：谁要是能背出《圣经·马太福音》中第五章到第七章的全部内容，他就邀请谁去西雅图的"太空针"高塔餐厅参加免费聚餐会。

《圣经·马太福音》中第五章到第七章的全部内容有几万字，而且不押韵，要背诵全文无疑有相当大的难度。尽管参加免费聚餐会是许多学生梦寐以求的事情，但毕竟太难了，很多人开始都认真背了，但努力的结果却是连开始的部分都做不到完全正确，于是试试就停止了。

几个月后，一个只有11岁的男孩，胸有成竹地站在泰勒牧师的面前，从头到尾按要求背了下来，竟然一字不落，没有一点儿差错，到了最后，简直成了声情并茂的朗诵。

泰勒牧师比别人更清楚，就是在成年的信徒中，能背诵这些篇幅的人也是罕见的，何况是一个孩子。泰勒牧师在赞叹男孩那惊人记忆力的同时，不禁好奇地问："你为什么能背下这么长的文字呢？"

男孩不假思索地回答道："我竭尽全力。"

16年后，那个男孩成了世界著名软件公司的老板。他就是比尔·盖茨。比尔·盖茨正是从小事入手，悟出做事不仅要认真努力，而且要用心去做，要"竭尽全力"去做的真谛，并将其作为终身的素质和品质，他能取得今天的成就是必然的。

一名员工，要想在职场中取得成功，实现自己的目标，惟一的方法就是在做事的时候，要抱着非做成不可的决心，即使付出再大努力，也要将自己的工作落实到位。做工作就要做到最好，为了做到最好要"竭尽全力"。

英国的著名小说家狄更斯，在没有完全准备好要读的材料之前，绝不轻易在听众的面前诵读。他的规矩是每日把准备好的材料读一遍，直到6个月以后才读给公众听。法国著名小说家巴尔扎克有时因为写一页小说，会花上一星期的时间去体验生活和思考，巴尔扎克的声誉正是由此而来。

落实箴言

工作中，能够一直做到"我愿意做那份工作，我能做好那份工作，我已竭尽全力、尽我所能来做那份工作"的员工，绝对是一名优秀的落实型员工。

◇ 真正的落实，言行一致

员工只有言行一致，才能把工作落实到位。言行一致就是说的和做的完全一个样。古人云："言行一致，则一言九鼎；言行相悖，则一文不值"、"其身正，不令而行；其身不正，虽令不行"。这都是说言行一致与否的重要性。说到做到不仅是对自己的负责同时也是对他人的负责。

言行一致，说起来简单，要真正做到却很难。现实中，言行不一致的现象并不少见。如很多航空公司在服务中，采用了国外著名航空公司的管理方式，但不少只是流于形式，不能真正落实到位。

在国内乘飞机时，公务舱和头等舱旅客的行李上都会挂一个"优先"的牌子，意思是说这个行李一挂上牌子就会优先出来。可飞机降落后取行李时，很少有航空公司真正做到，而且有时比一般乘客的行李还要晚。给行李挂"优先"牌是一个很小的细节，其实对公务舱的旅客来讲也许并不重要，不挂"优先"牌乘客也能理解，但既然挂上了就应该做到，否则就是没有诚信，乘客也会更加失望，进而对航空公司的信誉失去信心。

对一名落实型员工而言，接手的工作不仅要按时完成，更要高质量地完成，这才是言行一致。在工作中做到言行一致，首先要"慎言"，即要对自己的能力和可以利用的资源全面了解，能做到什么程度要明白说出来；自己能力达不到或条件不具备，不能做到达到客户的要求，也应明确告诉客户。其次，要"践行"，即要将答应的事情按时做好，而且必须保证质量，把工作真正落实到位。

作为一名落实型员工，诚信不能仅停留在嘴上，更要记在心里，落实到行动中。答应的事情，要全力以赴动用全部智能，一定要比别人更完美、更快地完成。

落实箴言

"言必信，行必果"是每个员工立足职场必须具备的能力。能做到什么就说什么，不能做到的就不说；说出的就要做好，真正落实到位。

三、以阳光的心态面对困难

以阳光的心态面对困难。任何工作都会有很多困难，有时我们刚克服了一个困难，又出现了另一个困难，这才是最真实的工作。只有在不断地解决问题、克服困难当中，工作才能进步，才能发展。

阳光心态是一种面对困难积极向上的心态。相信办法总比问题多，每一个问题的背后都有许许多多的办法，只要我们肯积极地思考，就一定能找到解决的办法。

阳光心态是一种战胜困难的勇气。困难再怎么强大也只是暂时的，终究会成为过去；就如阴霾终会散去蔚蓝才是天空永恒的色彩一样毫无疑问。我们不要畏惧它，相信自己有能力克服。

阳光心态还是一种誓与困难抗争到底，不轻言放弃的精神。假如你将每次困难都看作是不可逾越的鸿沟，那么你是得不到锻炼的机会的，也不可能取得工作和事业的成功。

要成为一名高效的落实者，就必须以阳光的心态面对工作中的一切困难，只有这样，才能赢得领导的信任，取得事业的成功。

◈ 办法总比问题多

有三只青蛙掉进了鲜奶桶中，第一只青蛙说："这是上帝的意志。"于是，它盘起后腿，一动不动，静静地等待着。

第二只青蛙说："这桶太深，我没有希望出去了。"于是，它在绝望中慢慢的死去。

而第三只青蛙却说："尽管我掉到鲜奶桶里，可我的后腿还可以动。"于是，它奋力地往上跳起来。它一边在奶里划，一边跳，慢慢的，它觉得自己的后腿碰上了硬硬的东西，原来是鲜奶在青蛙后腿的搅拌下，渐渐地变成奶油了。凭着奶油的支撑，第三只青蛙跳出了奶桶。

第一只和第二只青蛙都是坐以待毙，而第三只青蛙凭着自己的努力，跳出了奶桶。这则寓言的寓意是说，当处于困境中，应多想办法，办法总会比问题多。

在现实生活中，问题和办法是一对孪生兄弟，面对问题，多想办法、主动解决是惟一的出路。而自我设限是走向成功的最大障碍，也就是说你真正的敌人就是你自己。

在许多情况下，"问题"是大多数人逃避责任、回避努力的第一借口，但是，一名落实型员工，总是奉行这样的理念：不找借口找办法，办法总比问题多！世上没有解决不了的问题，只有不会解决问题的人。任何问题只要被发现了，在认真分析清楚后，总能找到相应的解决办法。不信你就在工作中试试！

在落实型员工的眼中，问题便是机遇。无论所面对的问题难度有多大，落实型员工所做的，首先是坦然地接受"问题"，然后对这个问题做出冷静、清晰的分析，积极行动，让隐藏在问题背后的机会浮出水面，因为他们总是相信办法会比问题多。

专家调查，一般情况下，人们只使用了自身全部能力的3%，而绞尽脑汁地思谋对策时，则会调动出平时未使用的97%的潜能。所以，工作中遭遇挫折时，千万不要轻言退缩。

事实上，即使身陷问题深渊，只要你改变自己的思考方式，就会发现：将自己逼入绝境的困难和挫折，也是另外一种机遇。

美国曾经掀起过淘金热潮，淘金生活异常艰苦，最痛苦的是没有水喝。亚默尔便从"没水喝"的问题中发现了机遇：如果将水卖给这些人喝，比挖矿更能赚钱，于是他毅然放弃淘金，用挖金矿的铁锹去挖水渠，将水运到那里，一壶一壶卖给找金矿的人。一起淘金的伙伴们都嘲笑他："不挖金子发大财，却干这种蝇头小利的买卖。"后来，那些淘金者大多空手而回，而亚默尔却在很短的时间内靠卖水发了大财。

工作中也是如此，办法永远要比问题多。只要我们在遇到困难时，积极动脑，转变思维，就会很容易找到问题的解决办法。只有这样，才能保证工作落实好。

落实箴言

要想真正把工作做好，就要正确对待工作中的困难和挫折，从积极的一面将"问题"转变成机遇。因为不管什么时候都是办法总比问题多。

◈ 培养战胜困难的勇气

人生在世，难免会遇到许许多多的挫折，因此，我们要培养自己战胜困难的勇气。一个人如果缺乏战胜困难的勇气，是无法自立自强的。个人事业和生活道路上不会是一帆风顺的，只有那些在前进道路上不畏艰险、具有勇敢精神的人，才有可能成就自己的事业。

肯德基炸鸡的创始人卡耐尔·桑达斯，6 岁时父亲就去世了，为了照顾年幼的弟弟，补贴家庭的支出，他开始到田间劳动。后来，他便自己创业。

开始时，他经营一家汽车加油站，但不久受经济危机的影响，加油站倒闭了。第二年，他又重新开张了一家带有餐馆的汽车加油站，因为服务周到且饭菜可口，生意十分兴隆。但是，后来一场无情的大火却把他的餐馆烧了个精光。但他没有被困难打倒，他越挫越勇，建立了一个比以前规模更大的餐馆。

餐馆生意再次兴隆起来，可是因为附近另外一条新的交通要道建成通车，卡耐尔加油站前的那条路变成背街的道路，顾客因此锐减，卡耐尔不得不放弃了餐馆。这时卡耐尔已经65岁了。

然而，卡耐尔并未死心。他想到手边还保留着一份极为珍贵的专利——制作炸鸡的秘方。现在，他决定卖掉。为了卖掉这份秘方，他开始走访美国国内的快餐馆。他教授给各家餐馆制作炸鸡的秘诀——调味酱，每售出一份炸鸡他获得5美分的回扣。5年之后，出售这种炸鸡的餐馆遍及美国及加拿大，共计400家。到1902年，由他创建的肯德基炸鸡连锁店在美国就达到4000多家。

正是有一种战胜困难的勇气，才使得卡耐尔·桑达斯最后获得了成功。

工作中，很多员工都畏惧困难，觉得自己没有办法也没有能力克服困难。一个畏惧困难的员工怎么能保证完成工作任务，怎么能保证工作落实到位呢？下面是一段农夫与航海员之间的对话，很有启发。

一个农夫问一个航海员，为什么会选择这样的职业。航海员回答说："我喜欢大海，我更喜欢冒险。"

农夫又问："你的父亲怎么死的？"

"遭遇海浪，死在了大海。"航海员说。

"你的叔叔怎么死的？"

"也是死在了海上。"

"那你为什么还选择大海？"

航海员没有回答，他反问农夫道："你的父亲死在哪里？"

"安静地躺在床上离开了人世。"

"你的爷爷呢？"

"也是在床上升上了天堂。"农夫回答。

"是不是因为这样你就讨厌床呢？"航海员说道。

当你对某些事情产生抗拒心理，认为你"绝不能"做好这件事的时候，想想农夫与航海员的故事，或许你会觉悟：应该勇敢冲破这些恐惧感，你就会发现自己潜在的能力。

困难是一个人提高工作能力和丰富工作经验的最好帮手。我们不应畏惧困难，而要培养战胜困难的勇气。那么，作为一名员工如何才能培养自己战胜困难的勇气呢？

1. 自信

一个人最大的敌人不是别人而是自己。自信可以帮助人树立一种正确的思维习惯，也可以激发人在困难中不断前进的精神和勇气。一名员工只有敢于面对工作中的每一次困难，才能不断地成长起来。

2. 做好准备

机遇只垂青于有准备的人。假如你没有准备，那么很可能就会因为仓促而在工作中手忙脚乱，错失良机。

3. 克服困难的决心

在困难面前，我们一定要下决心克服它，不要畏惧。领导和同事不会只看你工作的结果，还会看你在困境中的态度及战胜困难的顽强意志。

落实箴言

工作中，难免会遇到困难。要想真正把工作做好，落实到位就必须培养自己战胜困难的勇气。那么如何培养自己战胜困难的勇气呢？首先，要有战胜困难的信心；其次，要在工作中做好准备；最后，就是一定要有战胜困难的决心。

◇ 不要轻言放弃

有一种失败，不是因为走的路太少，而是因为已经走了99步，却在第100步的时候放弃了，这是一种最为愚昧的放弃。做事半途而废，那你此前付出的辛苦就等于白费。

职场上，很多人虽然颇有才华，具备种种优秀的工作能力，但是有个致命弱点：工作中总是轻言放弃。结果可想而知，那就是终其一生，也只能平庸。而不轻言放弃的员工，是职场勇士，他们始终是职场中最受欢迎的人。

成功者的字典里，没有"放弃"两个字。

著名电台广播员莎莉·拉斐尔在她的30年职业生涯中，曾遭辞退18次，可她没有因此另谋他职，而是一直坚持着这个职业。每次被辞退后，她都放眼更高处，确立更远大的目标。现在莎莉·拉斐尔已成为自办电视节目的主持人，曾经两度获奖，在美国、加拿大和英国每天有800万观众在收看她的节目。

她说："我遭人辞退了18次，本来大有可能被这些遭遇所吓退，做不成我想做的事情，但是，我绝不放弃自己的希望，一直坚持到最后，所以，今天我能幸运地成为一名主持人。"

"靡不有初，鲜克有终。"很多员工往往在一项工作刚刚开始的时候能激情高涨，劲头十足，可一旦遇到困难，就动摇放弃，那么等待他们的也只能是失败。

王海毕业后，应聘到一个海上油田钻井队。在海上工作的第一天，带班的班长要求他在限定的时间内登上几十米高的钻井架，把一个包装好的漂亮盒子送到最顶层的主管那里。年轻人尽管不解其意，但他还是拿着盒子快步登上高高的狭窄的舷梯，气喘吁吁、满头大汗地登上顶层，把盒子交给了主管。主管却只在上面签下自己的名字，就让他送回去。他又快步跑下舷梯，把盒子交给班长，班长也同样在上面签下自己的名字，让他再送给主管。

他看了看班长，犹豫了一下，又转身登上舷梯。当他第二次登上顶层把盒子交给主管时，已累得浑身是汗、两腿发颤。然而主管却和上次一样，在盒子上签下自己的名字，让他把盒子再送回去。

年轻人擦了擦脸上的汗水，转身走向舷梯，把盒子送下来，班长签完字，让他再送上去。这时他有些愤怒了，他看看班长平静的脸，尽力控制着自己的情绪，又拿起盒子艰难地一个台阶一个台阶地往上爬。当他上到最顶层时，浑身上下都湿透了，他第三次把盒子递给主管，主管看着他，傲慢地说："把盒子打开。"

他撕开外面的包装纸，打开盒子，里面是两个玻璃杯，一罐咖啡，一罐咖啡伴侣。他愤怒地抬起头，双眼喷着怒火，射向主管。

主管好像根本就没看见他的表情，只是冰冷地对他说："把咖啡冲上！"

年轻人再也忍不住了，"叭"的一声把盒子摔在地上："我不干了！"这时，那位傲慢的主管站起身来，直视他说："年轻人，刚才让你做的这些，叫做承受极限训练，因为我们在海上作业，随时会遇到危险，这就要求队员身上一定要有极强的承受能力，只有承受各种危险的考验，才能完成海上作业任务。可惜，前面三次你都通过了，只差最后一点点，你没有喝到自己冲的甜咖啡。现在，你可以走了。"

王海离成功只差那么一点点，与其失之交臂。因此，我们不能轻言放弃，没有生活的点滴积累和打磨，就无法孕育出炫人夺目的珍珠。

在我们的工作进程中，总会有许多看起来难以跨越的鸿沟，然而这对于一名落实型的员工而言，磨难只能产生动力，他们不会轻言放弃，他们只会微笑着、执著地去落实好自己的工作。

四、满腔热忱地对待工作

成功学大师拿破仑·希尔曾经这样说："热忱就是成功的源泉。"没有热忱，我们的人生也将是阴暗的、颓废的，当然，更不可能创造出惊人的工作业绩。因此，我们要满腔热忱地对待工作。

一个对工作没有热情的员工就不可能高质量、高速度地完成组织分配的工作，更是很难创造骄人的业绩。

一个普通员工对工作的满腔热忱，可以改变他人生前进的道路，将他所拥有的梦想转化为现实，实现从平凡到优秀的跨越。

保罗·奥法里是美国著名的传奇式复印大王。在20世纪70年代，他还是美国加州大学圣巴巴拉分校一家不起眼的"金考"复印店的小业主，其全部资产也就是一台复印机和5 000美元贷款。但在2000年的时候，"金考"快印便发展成为一家在全世界拥有1 100多家分店、25 000名员工的复印王国。

在短短 30 年的时间，"金考"快印发展如此迅速与保罗·奥法里对出售商品的热忱有很大关系。

记得有位名人曾这样说："要想获得这个世界上最大的奖赏，你必须像最伟大的开拓者一样，将所有的梦想转化成为实现梦想而献身的热忱，以此来发展和销售自己的才能。"因此，要想实现自己的梦想，就必须充满热忱。

作为一名员工也是如此，只有满腔热忱地对待自己的工作，才能保质保量地完成任务，才会惊喜地发现，你的工作是多么的有意义、有价值！

◇ 热情是落实的原动力

法国著名作家拉封丹这样说过："无论做任何事情，都应遵循的原则是：追求高层次。你是第一流的，你应该有第一流的选择，在工作中加入'热忱'二字。"

伟大人物对使命的热忱，可以谱写历史，甚至可以推动历史的进程。

拿破仑·波拿巴，法兰西第一帝国的创造者，曾在新兴资产阶级几十万法郎的资助下，仅仅用了一个月的时间就做好了推翻波旁王朝督政府的准备工作。

1799 年 11 月 9 日，他成功地发动了"雾月政变"，夺取了法国政权。这位"马背上的皇帝"，一生打过几百次胜仗，粉碎了五次反法同盟的联合进攻，不仅保卫了法国大革命的主要成果，而且推动了整个欧洲从封建社会向资本主义社会过渡的进程。

拿破仑之所以能成为法兰西第一帝国的创造者，能推动整个欧洲从封建社会向资本主义社会过渡的进程，一个重要的原因，就是他对自身所肩负的"重要使命"怀有满腔的热忱。

在工作中注入热情，才能保证落实好工作。最佳的工作效率来自于高涨的工作热情，兴致勃勃会让人更好地发挥想象力和创造力，在短时间里取得惊人的成绩。我们很难想象，一个对工作兴趣淡薄的人会全心地投入工作，得到很好的工作效果。

菲菲大学毕业后到一家创办不久的文化公司从事展会业务，本来展会经济是一个新的增长点，在这一行里有许多美好前景可以开拓，但初创阶段的公司业务并不是很好，菲菲就感觉前途无望，对工作越来越失去兴趣，以致最简单的任务她都完成不了，最终在绩效考核中她被刷了下来。

小王在大学里读的是中文，现在所从事的工作也与文字有关。每天要处理大量的文件和资料，难免遇到许多操作性的事务重复再重复。每到这时，他喜欢为自己泡一杯茶，用五分钟静气凝神，以达到"虚境"的状态，而后集中精力来处理这段工作，工作中总是充满着热情，洋溢着自信，最终克服困难。交完工后，才信步回到自己的"格子"里，开始继续那部分自认为可以充分发挥创造力和显露个性特色的工作，从中找到自信并感觉到"自我"的存在。为此，公司里的同事也愿意与他打交道。

从菲菲和小王这一正一反的故事中，我们可以知道，一个没有热忱与激情的员工是很难有所成就的。

IBM公司的人力资源部部长曾这样说："从人力资源的角度而言，我们希望招到的员工都是一些对工作充满激情的人，这种人尽管对行业涉猎不深，年纪也不大，经验也不足，但是，他们一旦充满激情地投入工作中，所有工作中的难题便不是难题了。因为激情激发了他们身上的每一个细胞。"

因此，要想把工作完成得出色、漂亮，我们就必须对工作充满热情。因为态度热情，会使你充满活力，工作会干得有声有色。相反，如果态度冷漠，会使人倦怠，工作也会一团糟。

落实箴言

激情是落实的原动力。用100%的热忱去做1%的事情，而不去计较这1%的事情是不是值得去做，是不是能给自己带来很多报酬。只有这样，才能真正保证工作落实好。

◈ 尊重和热爱自己的工作

美国著名思想家巴士卡里雅说过："你在哪个位置，就应该热爱哪个位置，因为这里就是你发展的起点。"只要我们对自己的工作出自内心的热爱，即使是在平凡的岗位上，我们也能创造出奇迹来。

公交行业的楷模李素丽就是一个很好的榜样。尽管她从事的是最普通的公交售票员一职，但她丝毫没有轻视它，而是尊重并热爱它。在平凡的岗位做出了不平凡的事情。

每一位员工都应该尊重和热爱自己的工作。只有这样，才能全心投入地搞好工作，出成绩、出效益。如果像下面的小和尚一样，那早晚会被炒鱿鱼。

有一个小和尚在寺院担任撞钟之职。按照寺院的规定，他每天必须在早上和黄昏各撞一次钟。

开始时，小和尚撞钟还比较认真。但半年之后，小和尚觉得撞钟的工作太单调，无意义。他总觉得自己应该读点经文什么的。于是，他就"做一天和尚撞一天钟"了。

久而久之，住持发现了他的变化，便宣布要将他调到后院劈柴挑水，不用他再撞钟了。

小和尚一听，觉得劈柴挑水更低级还不如撞钟，便问住持："难道我撞的钟不准时、不响亮？"

住持告诉他："你的钟撞得很响，但钟声空泛、疲软，因为你心中没有理解撞钟的意义。钟声不仅仅是寺里作息的准绳，更为重要的是唤醒沉迷众生。因此，钟声不仅要洪亮，还要圆润、浑厚、深沉、悠远。一个人心中无钟，即是无佛；如果不虔诚，怎能担当撞钟之职？"

小和尚听后，面有愧色。

小和尚被主持免除撞钟之职的主要原因，就是他没有尊重并热爱自己的工作，敷衍了事是干不好的，最后反映在钟声中。因此，一个"做一天和尚撞一天钟"的人，是不可能真正成为一名落实型的员工，是早晚会被"免除撞钟之职"的。

在一个建筑工地上，有三个工人正在工作。这时，有人走过来问他们在干什么。

甲回答："我在砌砖头。"

乙回答："我在盖房子。"

丙则充满激情地说："我正在建造一座雄伟的教堂。"

三个人的回答显示了他们对工作的不同态度。甲显示出他是为工作而工作；乙显示出他是为生活而工作；丙则是为理想、为事业而工作。只有尊重并热爱自己工作的人才能把工作完成好。

落实箴言

不论从事的是何种工作，都应该全身心地热爱，全身心地投入，对本职工作保持积极乐观的态度，保持高度负责、尽心竭力的精神。只有这样，才能把工作做好，才能在职场中取得成功！

◈ 做一名激情工作的员工

有一种情绪状态叫激情。这种情绪状态，催人奋进。古今中外，许多成功人士都是靠着激情而取得了成功。职场中的例子也比比皆是。萝西·汤普森便是其中一位。

萝西·汤普森是第二次世界大战期间的美国女记者，第二次世界大战时她将报纸专栏作为打击希特勒政权的武器。

她的专栏文章由报业辛迪加向 150 家报纸发稿，那些富有洞察力又注入了丰富感情的政治评论，使得同行们充满理性的专栏文章黯然失色，1940 年，她的读者高达 700 万人。

汤普森之所以赢得了那么多的读者，其中最主要的原因便是她能满怀激情地投入工作。其实，人生命的一半都是工作，试想一下假如没有工作激情，那将是一件非常痛苦的事情。

作家拉夫尔·爱默生这样诠释"激情"："激情"像糨糊一样，可让你在艰难困苦的场合里紧紧地把自己黏在这里，坚持到底。它是在别人说你'不行'时，能在内心里发出'我行'的有力声音。

科学实验证明，在客观条件相同的情况下，劳动质量的优劣，工作效果的高低，起决定作用的因素是人的态度。如果对工作有激情，那么他就能很好的完成工作。反之，即使是最简单的工作他也干不好。一名教师就会以演说家的热情讲好他的每一堂课；一名记者就会以探索者的视角去看待他报道的新闻事实；一名厨师就会以艺术家的执著去配制他一流的拼盘。因此，我们应做一名激情工作的员工。那么工作中如何才能有激情呢？

1. 正视压力

工作中有压力是正常的事情，我们绝不能因为工作压力过大，就急于应付。其实压力是一把双刃剑，如果能正视压力，就会变压力为动力。我们应该告诉自己："有困难是正常的，困难是对我们能力的考验和培养，困难越大，我们就越要挑战它，解决它，不达目的誓不罢休"。

2. 适当的自我激励

从心理学角度讲，恰当的激励对于提高人的积极性有着不可忽视的作用。可是现实的情况是，不可能奢求每一项工作都能得到赞赏或奖励。这时，我们需要的是自我激励，善于从每一次的工作中小的闪光点看到大的希望、从满意的完成中找到成就感。

3. 乐趣是最好的激情

我们应该学会从工作中寻找乐趣。其实不论是位高权重的上层领导还是普普通通的员工，每一份工作都有它的乐趣。工作的乐趣不在于一劳永逸，而在于不停的遭遇问题解决问题，在于每一次的进步完善中带给自己的成就感。米卢倡导他的快乐足球理论，那就让我们创造属于自己的乐趣工作理念吧！

4. 拒绝工作狂

会休息的人才会工作，才能以饱满的热情投入工作。"一张一弛、文武之道"，没有足够的休息是无法保证工作的效率和质量的。学会休息，不仅是对自己负责，也是对工作负责的一种表现。

5. 构想未来，长短目标结合

首先认真构想一下自己的将来，10 年、20 年以后，你希望过上怎样的生活，从事什么样的职业，并把它作为最终目的追求。但是辉煌的人生不会一蹴而就，它是由一个个并不起眼的小目标堆砌起来的。因此，我们可以把长期目标划分成若干短期目标。当这些短期目标全部实现时，长期目标也就实现了。

充满激情，比获得成就、获取功名更加重要，它使你年轻、进步，富有活力。激情不仅可以让你完成好工作，还可以提升你的工作业绩。所以，保持激情吧！

落实箴言

做一名激情工作的员工要求：（1）正视压力；（2）适当的自我激励；（3）乐趣是最好的激情；（4）拒绝工作狂；（5）构想未来，长短目标结合。

第三章

心动不如行动，行动更需主动

心动不如行动。任何规划做得再好，如果不付诸行动，不抢占先机，那也是白费，没有任何效果。除此之外，仅仅靠行动还是不够的，行动更需主动。积极主动地工作往往更能成功。

一、立即落实

落实不仅是一种精神，还是一种行动。这种行动是一旦老板有交代就立即去执行，全身心投入到工作之中；是一旦提出某种号召就积极响应；是一旦目标确定就立即行动。这种行动还是一旦脑中闪现某一灵感时，就立即记下来，然后去行动。

在非洲有两个部落，他们之间发生了战争。因为双方在武力和智慧上都旗鼓相当，所以仗打得十分激烈，难分胜负。既然战场上无法取胜，于是有一方暗地里计划用毒药毒死对方的首领。这事被对方派来的密探知道了。这位密探立即写信给自己部落的首领，说："首领您要警惕，水里有毒药，明天您千万不要喝。"可是这个首领却有个坏习惯，总是把工作推到第二天去办，所以他收到了这封信后，对手下人说："先把信收好，明天再拆开读给我听。"第二天太阳还没有升起的时候，他就喝了水被毒死了。

正是因为没有立即行动，让这位部落首领被毒死了。如果他能及时行动，看到这封信的内容，结果就会截然不同。我们在工作中亦是如此，应该争取做到今日事，今日毕。这里，我们可以向海尔学习，海尔能成长为世界性的大企业，与其《日事日清》的工作法是分不开的。

所以，不管从事什么职业，当有了一项工作或任务后，就应该立即着手落实。只有这样，成功才会最大限度地垂青于你。

◈ 及时落实，绝不拖延

任何想法，如果不付诸行动，永远也不会落实到位。若希望自己能以"落实者"的形象出现，就要摆脱拖延的桎梏，即刻去做手中的工作，只有及时落实，才能让你在落实的成果中享受到成功的喜悦。对于凡事立即落实的人，领导在布置工作之余，无须再辛苦地鞭策督促。自然效率更高。

也许在开始的时候，我们会觉得做到及时落实很不容易，有着这样那样的困难，而且有时不可避免地会发生失误，走些弯路。但是最终，立即落实的工作态度会成为自己个人价值的一部分，形成自己的做事风格和习惯。养成立即落实的工作习惯，就是掌握个人进取的秘诀。当一个人下定决心永远以立即落实的风格做事时，他就朝自己的成功目标迈出了重要一步。

美国钢铁大王卡内基就是这样一个人。有一次，一位年轻的支持者向卡内基提出了一项非常大胆的建设性方案，在场的人全被震惊了，大家都陷入了沉思，方案很值得考虑。正当其他人陷入沉思，琢磨这个方案的时候，卡内基突然把手伸向电话并立即开始向华尔街拍电报，以电文形式陈述了这个方案。在当时拍一封电报显然花费不小，但1000万美元的投资项目却正因为这个电文而拍板签约。

也许你会折服于卡内基的办事能力，羡慕他所取得的巨大成就，但可能没有意识到他的成功正是来源于长期训练中养成的"立即行动"的做事风格。试想一下，如果当方案提出来以后，卡内基也和大家一样只是在沉思、在讨论，那么这么有建设性的方案很可能就会昙花一现。

很多事情其实很简单，但是再简单也有好些人会拖延。拖延有可能是因为正在做一件事不愿去做另一件事；也可能是因为在做一件事懒得去做另一件事。不过绝大多数人是觉得事不急，等下次、等明天，最后等着等着就忘记了。就像《明日歌》中所说："明日复明日，明日何其多，我生待明日，万事成蹉跎！"

列夫·托尔斯泰说过"拖延不断滋养恐惧！"如果有一件事情能做但是你拖延着不去做，到后来你就会觉得自己做不了了。

因此，我们在工作中应及时落实，绝不拖延。那么工作中，我们应如何保证这一点呢？

1. 制订一个可以完成的工作计划

根据工作目标，制订一个可以完成的工作计划，明确各个阶段应该完成的任务，设置时间节点。做到了这一点，可以让你有能力和信心去坚持做成一件事。

2. 把握住现在的时间

富兰克林说："把握今天等于拥有两倍的明天。"歌德也曾说："把握住现在的瞬间，从现在开始做起，只有有时间观念的人身上才会赋有天才、能力和魅力。"

总而言之，"及时落实，绝不拖延"是一切成功的基础，没有什么比拖延更能使人懈怠、减弱工作能力了。所以，每一位员工都应培养自己良好的执行力，保证工作的落实，从而为自己赢得更多的发展机会。

落实箴言

每一位员工都应该从今天做起，培养自己良好的执行力，保证工作的落实，从而为自己赢得更多的发展机会。

◇ 借口是落实的天敌

我们常常会使用各种借口，大多都是为了避免去做一些事情，或者为自己开脱责任。我们会说，"我很累了，应该休息一下，这件事就别做了吧。""这件事总会有人来做的，为什么非要我去做呢。""现在下雨了，我改天再去吧。""现在有人约我出去，改天再做吧。""这件事我肯定做不好的，做了也白做。"

这些借口看似都是很正当的理由，实际上都是我们为自己找的冠冕堂皇的借口。其实，我们在执行领导交给自己的任务的时候，是不能找任何借口的。方法总比问题多，我们应该做的是找到完成任务的方法，而不是找到完不成任务的借口。而且，如果我们把精力放在找借口上，又怎么能很好地完成工作呢？

小静是一家软件公司的办公室文员。一天，经理让她在互联网上查一下其他相关同类软件的情况，并让她整理好。当时小静正在翻阅一本刚刚收到的时尚杂志，听了经理的话，她回答了一声"好的"。

但是过了一小时，当经理准备向小静要资料的时候，却发现她正坐在自己的位子上涂口红，经理有点生气，就又催了她一遍。这时小静才慢吞吞地打开网页找资料，还一边嘀嘀咕咕地埋怨电脑的速度太慢，做起事来真费劲。

经理看到她的样子，心里非常不舒服，就把她训斥了一顿："你知不知道这是上班的时间，你看看你都做了些什么？看杂志、又化妆，对工作一点热情都没有，自己效率不高，又埋怨电脑速度慢，这样下去，你能保证完成我交给你的任务吗？"

从那以后，经理就开始留意她的一举一动，但小静还是我行我素。不久，小静就收到了公司的辞退信。

老罗斯福就说过这样的话："我从不为我自己找借口，既不为我做错的事找借口，也不为我不愿做的事找借口。与其花时间，花精力去为自己寻找借口，还不如去做些更有意义的事情呢。"

的确如此，借口没有任何意义。借口是落实的天敌。其实，每一个借口都是自欺欺人的，这些借口看起来只是拿来应付别人、推诿别人而已，可认真想想，其实是自己拿来当作原谅自己，推卸自己应负的责任和应尽的义务的理由。

职场中，我们不应为自己找借口，哪怕是看似合理的借口，只有这样才能完成任何一项工作，才能真正把工作做到位！

落实箴言

没有任何借口是执行力强的表现，这是很重要的工作态度。一名不找任何借口的员工，一定是执行力很强的员工。完美的工作态度就是不找任何借口地去执行。

◇ 不要等待万事俱备

"立即行动，不要等待万事俱备"是一名优秀执行者应当秉持的工作理念，任何好的规划和蓝图都只有付诸行动，才能保证成功。很多员工今天的成就不是事先规划出来的，而是在行动中一步一步不断调整和实践出来的。如果只是一味地都等待万事俱备，那么任何事情都是无法完成的。

有这样两位青年人，一位名叫法兰克，一位叫斯特福。他们都是美国加利福尼亚州萨德尔镇上的人。法兰克由于家境贫寒上不起学，只好去芝加哥寻找出路。在繁华的芝加哥城转了好几天，法兰克也没找到一处容身之所。当他看到大街上不少人以擦皮鞋为生时，他也买了把鞋刷给人擦皮鞋。半年后，法兰克觉得擦皮鞋很辛苦，更重要的是没有赚到钱。

于是他将擦皮鞋赚来的一点微薄积蓄租了一间小店，边卖雪糕边给别人擦鞋。雪糕生意比擦鞋强多了，高兴之余，他在小店附近又开了一家小店，同样是卖雪糕。谁知雪糕生意一天比一天好，后来他干脆不擦鞋了，专门卖雪糕，并将父母接到城里给他看摊，还请了两个帮工。从此法兰克开始经营雪糕生意。

如今，法兰克的"天使冰王"雪糕已经稳居美国市场的领导地位，拥有美国70%以上的市场占有率，在全球60多个国家有超过4000家专卖店。

而斯特福的父亲是位富有的农场主，农场主送自己的儿子上了大学，还读了研究生，他希望自己的儿子能成为一位大商人。就在法兰克拿着刷子在大街上给别人擦鞋的时候，斯特福正住在芝加哥最豪华的酒店里进行自己的市场调查。耗资数十万美元，经过一年多时间的周密调查和精确分析，斯特福得出的结果是：卖雪糕。而法兰克此时已经拥有了数家雪糕专卖店。

当斯特福将自己调查的结果告诉父亲时，农场主气得差点晕倒，他怎么也想不到，他的研究生儿子眼光居然浅薄到了卖雪糕的程度。于是斯特福再次对市场进行精确调研，还是觉得只有卖雪糕才是最好的生意。又过了几年，斯特福终于说服了自己的父亲，准备打造雪糕连锁店。此时法兰克的雪糕店已经遍布美国。最终，斯特福无功而返。

世界上没有哪个成功仅仅通过周密的计划就能实现，必须一步一步通过实践才能得到。

可见，仅仅有想法是远远不够的，有时候，行动比想法更加重要。如果只是停留在想法和计划上，不去行动，就无法取得成功。"思想的巨人，行动的矮子"是无法在职场中立足的。

　　要想成为执行力很强的员工，那么就必须牢牢记住一点：不需要等待万事俱备再行动，立即去做你应该做的事。

二、落实到位关键是有效行动

　　落实到位的关键是有效行动。对于一名员工来说，再完美的计划如果只在脑子中酝酿却不去做，也等于什么也没有想，再完美的创意在现实中没有有效地执行，那也等于是零。说一尺不如行一寸。只有行动才会出现结果，行动创造了成功，任何一个伟大计划和目标，都要靠行动来实现。执行工作并不是依靠你知道多少，而是依靠你做了多少，所有的知识、计划、心愿都要付诸行动，不管你现在决定做什么事情，设定了多少目标，你一定要马上行动。

　　奥格·曼狄诺是美国一位成功的作家，他常常告诫自己："我要采取行动，我要采取行动……从今以后，我要一遍又一遍、每时每刻重复这句话，一直到成为习惯，好比呼吸一般，成为本能，好比眨眼一样。有了这句话，我就能调整自己的情绪，迎接失败者避而远之的每一次挑战。"

　　一位大富翁，小时候家里很穷，在一次放学回家的路上，他忍不住问妈妈："别的小朋友都有汽车接送，为什么我们总是走回家？"妈妈无可奈何地说："别人家里富，我们家穷！"孩子还是很纳闷："为什么我们家穷呢？"妈妈接着又说："孩子，你爷爷的父亲，本是个穷书生，但历经十几年的寒窗苦读，终于考取了状元，官达二品，算是比较富裕。可后来你爷爷贪图享乐，坐吃山空，后家道败落。你爷爷生长在时局动荡战乱的年代，总是感叹生不逢时，想从军又怕打仗，想经商时又错失良机，就这样一事无成，抱憾而终。等到你父亲了，你父亲伟大的计划是有，可就是总犹犹豫豫，迟迟不行动。因此也就是咱家现在这个样子。"

妈妈叹了口气，接着说："孩子，家族的振兴就靠你了，干事情想到了看准了就得行动起来，抢在别人前面，努力地干了才会有成功。大鱼吃小鱼，快鱼吃慢鱼。你一定要牢记妈妈的这句话。"

他牢记了妈妈的话，最后成为《财富》华人富翁排行榜的前五名。他在自传的扉页上写下这样一句话："想到了，就是发现了商机，行动起来，就要不懈努力，成功仅在于领先别人半步。"

工作中，面对领导交代的任务，我们一定要有效行动、全力以赴，直至出色地完成任务。

◈ **第一次就要把任务完成到位**

第一次就把任务落实到位，体现的不仅是高效率，而且体现了高质量，这是成为一名落实型员工必须具备的素质。

一般单位、团体中，有些员工在做工作或处理问题时，往往是解决了大的问题就行了，小毛病可以等等再说，或者是把问题先推到其他部门，别的部门解决了问题，自己的工作也等于完成了。

这样做工作完全是应付差事，就像在工厂中，车间的机器坏了，负责维修的师傅从机器上拧下了一个螺丝，机器就运转，再拧上螺丝，机器又停了。最后，维修的师傅干脆把螺丝一扔，机器就算修好了，也不管没有了螺丝会出现什么问题，反正机器转了就行了。这样落实工作留下的隐患，除了当事人，别人往往很难发现，短时间内也不会有什么问题，而一旦出现事故，可能就会给单位和其他员工带来无法想象的损失。

应付差事的工作态度，对单位、团体所造成的危害，远远大于我们拒绝执行任务。如果我们拒绝执行，领导者会重新安排其他人员来替换他的工作。但如果我们接受了任务而应付差事，往往会蒙蔽领导者，并最终使工作任务不能落实到位，无法达到预期的效果。

在工作中，偶尔一次没有完成工作或没有将工作落实到位，可能侥幸没有出现什么严重的后果，而一旦养成了有始无终、半途而废的坏习惯，对单位、团体而言，就会具有难以察觉的危险性和破坏性；对个人而言，如不能及时纠正，即使不被淘汰，也必将注定平庸，因为他永远不可能出色地完成任何一项任务。

曾经有位年轻人来到一家著名的酒店当服务员。这是他的第一份工作，因此他很激动，暗下决心：一定要干出个样子来，不辜负父母的期望。但让他没有料到的是，在新人受训期间，经理竟然安排他去洗马桶，并要求他必须把马桶洗得光洁如新。对着马桶，青年心灰意冷。

这时，单位的一位前辈来到了他的面前，什么话也没说，只是让青年看他如何清洗马桶。马桶洗干净后，果然光洁如新，前辈的示范给青年树立了好的榜样。

从此青年安心洗马桶，很快他也可以做到将马桶洗得光洁如新了。青年以后不论做什么事情，都像清洗马桶一样，一次就将工作做得无可挑剔。最终，这位年轻人成了世界旅馆业大王，他就是康拉德·N·希尔顿。

可见，一名卓越的员工，一定是勇于承担责任、言出必行的人，不仅对工作永远追求精益求精，而且做任何工作都能做到第一次就把任务落实到位。其实这样并不难，员工只要多些对工作的热爱，多些忠诚和认真，接到任务立即行动，落实工作一丝不苟就一定可以做到。

落实箴言

第一次就要把任务落实到位，是保证工作落实到位必须具备的素质，也是成为优秀员工的关键所在。

◇ 力争超出他人的期望

力争超出他人的期望，就是用最低成本解决困难；力争超出他人的期望，就是用最不平常的努力做好最平常的事；力争超出他人的期望，还需要勇气和忘我精神。无论在哪里，想要脱颖而出，都一定要做得比要求的还要好！

有人问李嘉诚和比尔·盖茨成功的秘诀，李嘉诚说"你要比别人努力两倍以上！"比尔·盖茨也给出了同样意思的答案"比别人更努力，然后找一群努力的人一起来工作。"

在蒙牛公司总部办公大楼旁，竖立着一个企业文化碑，碑上的文字来自西点军校："超乎常人想象的关怀，是明智；超乎常人想象的冒险，是安全；超乎常人想象的梦想，是务实；超乎常人想象的期望，是可能。"

卡特很小的时候，便失去了父亲，由于父亲生前欠下的债务，卡特和母亲的生活总是处在贫困中。他在读完小学后就辍学了。母亲身体不好，卡特便承担一部分生活责任。面对生活的艰辛，卡特并不沮丧。因为母亲经常对他说："你无论做任何事情，都必须超过别人的期望，那样你长大后才会是一个成功人士。"

卡特12岁了，他的第一份工作是送报纸。年纪还很小的他，竟然在三年中没有发生过一次失误。他工作热情、认真、准确，他的工作表现超过了和他一起工作的任何一个同事。

卡特有一个理想，他希望自己有机会在铁路上工作。为此，他开始钻研和铁路有关的知识。由于之前超出所有人预期的优异表现，他被推荐到铁路送报纸。对此，他激动不已。后来，他又被派去专门打扫月台。每天，他都高兴地拿着扫帚，穿一身蓝色的铁路制服，去做这件对他来说似乎过于简单的工作，但他还是认认真真。同时，他那样专注于自己的工作，如同一个画家在专心于创作。

有一天，卡特像往常一样打扫月台。他不知道，在他对面停着的一节车厢里，有一个人被他的工作态度所吸引了。他目不转睛地看着卡特的一举一动，直到火车开走。这个人是铁路巡回主任鲍尔先生，他还叫来同车厢的副督察主任一起观看卡特的工作。他们都认为，这个年轻的扫地工人值得注意。

不久，卡特被调任去做另一项工作，他同样干得相当出色。在以后的日子里，卡特又更换了多份工作，每换一次工作，卡特都拿出第一次工作时的劲头——像打扫月台那样做得彻底，那样让人无可挑剔。最后，他当上了那家铁路局的局长。

一个平凡的月台清扫工当上了铁路局局长！这完全超出了人们的想象。卡特的成功是缘于做任何事情，都要超过别人的期望的理念。如果无论做任何工作都能超出他人期望，那么，我们离成功也就不远了。

落实箴言

员工要想让自己胜任这份工作，也应该把自己的目标设定在别人的要求之上。要确信"超乎常人的期望，是可能的。"当你可以超乎别人的期望时，你便能把工作做到最好，脱颖而出，走在大多数人前面。

❖ 聪明地行动比努力更重要

很多人都很疑惑：为什么勤奋努力、踏踏实实地工作，但换来的却是得不到奖励、重用、晋升或其他相应的回报。

记得有一个网上求助者就曾提到：他的性格老实、本分，一直以来都踏踏实实工作，但相应的，却从没有得到过老总的好评。在一次全体员工大会上，他甚至受到了老总的批评。他不想辞去这份工作，但不知道应该怎么办。

很多人都有类似的恐惧和疑惑，甚至有人发出了感叹：难道努力工作不对吗？

当然，努力工作并没有错，但在努力的基础上，还需要聪明的工作。这也就是聪明地行动比努力重要。这里的"聪明行动"，不是说要你耍什么小伎俩，而是让你采取更有效的行动。看下面这个例子，或许你能豁然开朗。

日本最大的化妆品公司曾收到客户抱怨，买来的香皂，盒子里面是空的。于是他们为了预防生产线再次发生这样的事情，工程师"很努力、很辛苦"地研发出了一台价格昂贵的X光监视器去透视每盒刚刚生产出来的香皂盒。

同样的问题也发生在另一家小型化妆品公司，他们的解决方法是买一台强力工业用电扇，放在输送机末端，去吹每个香皂盒。被吹走的便是没放香皂的空盒。

怎么样，够简单、够聪明吧！聪明的行动意味着你要学会动脑，用思考代替埋头苦干。这就需要我们每一位员工都要养成爱钻研、爱琢磨的习惯，否则很有可能你的工作时间并不少，而工作效果却并不好。

对于那些通过向顾客邮寄信件进行推销的推销员，都遇到过这样的情况，信是发出去了，可收不到任何回信。这时我们该怎么办呢？是一如既往地发下去相信顾客会收到信还是另想办法改变呢？

一位推销员是这样做的：

他真诚地拜访了一位顾客，在拜访的最后随口问了一句："请问您收到我寄给您的信了吗？"这位顾客听了以后，说："我根本就没看这封信！"那位推销员接着问："为什么？"那位顾客说："每天收到类似的邮件实在太多了，我一般都是直接扔进垃圾箱。"

于是他一改以前的做法：把公司的名称和标志去掉，把信封上的"邮资已付"的戳记换成邮票，同时他还一改过去信封单一的白色换成各种各样的颜色。这样，就引起了顾客很大的兴趣，他的顾客也就越来越多。

这也就是告诉我们多动动脑子比盲目行动更重要。聪明的行动，需要创新突破进行，需要思考优化，需要学习进取，需要团队合作。

落实箴言

职场中的每一位员工都需要具备思考的能力，即你运用自己的智力去落实目标的能力。因为聪明的行动比单纯的努力更重要。

三、有效管理时间

对员工的评价，最重要的是两个指标，一是工作是否落实到位，另一个是工作是否按时完成。对这两个指标，多数人认为，按时完成更加重要。

人们常说，时间是最公平的，不论是穷人还是富人，每天都有 24 小时。而在工作中，同样的时间，不同的人会创造不同的效益。就像一个笑话说的，一天，世界首富比尔·盖茨在走路的时候，见到地上有 100 美元，他没有捡而是直接走了过去。有人问他为什么不捡那 100 美元，比尔·盖茨说："我的财产每年增加百亿美元，每秒钟的收入大约 1 300 美元。我弯腰一次，要花 3 秒钟的时间，我为什么要用 3 秒钟捡 100 美元放弃 3 900 美元呢？"

对于效率问题，这个笑话可能是最好的说明。科学技术的高速发展全方位地改变着人类，比如，以往对企业购并的描述是"大鱼吃小鱼"，实力是最重要的。而现在最常用的描述是"快鱼吃慢鱼"，效率是第一位的。

如今，不论对企业发展还是员工成长，工作效率都是最重要的指标。对每个员工来讲，在激烈的市场竞争中，谁能在更短的时间里做更多的事情，谁能提高工作效率，谁就能占据优势地位。对企业而言，时间本身就是一种成本，谁对纷繁复杂的环境变化能迅速做出反应，谁就能占据优势地位。

通常，绝大多数员工都有时间观念，而工作效率低的员工，缺乏对时间效率的认识。要想使工作落实到位，不仅要重视时间，更应该关注时间效率。时间效率低其实也是浪费时间，时间效率高就等于增加了时间，有助于员工将工作落实到位。

美国 UPS 公司墙上有一句话："我们还可以更快吗？"事实证明，只要认真检查每个工作流程，总会找出可以更节省时间的方法，大大提高整个工作流程的效率。按时完成任务，是工作落实到位的基础，而有效管理时间，是按时完成任务的保障。我们要主动思考如何减少不必要的环节，想方设法利用好时间，提高工作效率。

◈ 养成日事日清的好习惯

对每一名员工来说，今日事今日清，不仅是一种有助于工作落实到位的工作态度，更是一种能够有效提高工作效率的方法。员工在工作中自觉培养自己日事日清的习惯，就不会被以往积压的工作牵扯精力，做到接到任务立即就可以着手落实，这有助于员工在工作中不断成长。

日常工作中，造成工作落实不力的原因，最常见的就是办事拖沓。与在日常工作中需要完成的工作相比，工作中的突发事件、紧急任务毕竟属于特殊情况，发生的次数不会太多，一般情况下，我们有充足的时间完成日常工作，但很多人通常都抱有轻视的态度，认为这些事每天都做，完成起来没有什么难度，晚点儿做没什么关系，因此往往不将工作全部完成。时间一长有时就会忘记，而这些未完成的工作就像滚雪球一样，在手中会越积越多，最终成为妨碍将工作落实到位的包袱。

工作中常常是规定任务完成的时间快到了，才发现工作没有最后完成，于是只能急忙放下手中的工作，先解决以前遗留下的问题，于是日常工作变成了紧急任务。总是如此，就会形成恶性循环，在工作中总是十分匆忙，而日常工作永远拖沓不能及时完成。可想而知，这样是不可能有很高的工作效率的。

全球著名家电生产企业——海尔集团的发展历程充分说明，提高工作效率，最有效的方法就是要做到日事日清。"日事日清，日清日高"是海尔集团的口号。海尔的全面质量管理当中，最重要的一个原则就是"三全"的原则，即全面的、全方位的、全过程的。全面质量管理主要是全员参与的管理。在整个质量管理过程中，"海尔"采取了日清管理法，就是全面地对每人、每天所做的每件事进行控制和清理——日事日清，日清日高。每个单位、每项工作、每个人都要做到今天的工作今天必须完成，今天完成的事情必须比昨天有质的提高，明天的目标必须比今天更高才行。这就是海尔集团的"OEC"管理方法。

养成日事日清的习惯，对员工做好工作，将工作落实到位，在工作中不断成长有很大的积极作用。工作中，员工不论做任何事情，只要做到落实到位、按时完成，长期坚持下去，就一定能真正做到日事日清。

另外，还应注意，做到日事日清，需要将工作的轻重缓急划分清楚，如果把每件事都作为"今日事"做，即使精力再充沛，也很难将所有工作落实到位。

落实箴言 ....

工作效率高的员工，才能在工作中不断成长，最终取得成功。养成日事日清的好习惯，并在工作中长期坚持做到日事日清，能够有效地提高工作效率。

....

◈ 巧妙调整，轻松拥有大块时间

保证工作落实的员工，必然是一个时间效率很高的人，他不仅能充分利用一些零散的时间，而且能够通过巧妙的调整，轻松拥有大块时间来处理重要的工作。在各种方法中，最有效的是应用统筹法巧妙地把一些事情合理安排，从而做到用一定的时间完成较多的工作。

在日常的工作中，有很多应用统筹法的实例，大至工程的施工进度表、科研项目的进度表，小至工作安排、工作流程甚至泡茶、做饭，无一不适用。比如生活中，既要做饭，又要烧开水，还要炒菜，人们都知道边烧开水边淘米、择菜，煮饭的同时也可以择菜、切菜这样节省时间的办法。

工作中，应用统筹法巧妙调整工作安排达到节约时间的目的。首先要划分自己需要完成的工作，归纳出不同工作的轻重缓急，最重要的、最急的要优先安排，应该交给他人完成的工作要尽快转交；其次就是要做好工作计划和流程，合理地将能够统筹安排的各项工作巧妙安排并逐次完成；最后要把不宜应用统筹法的工作安排好。值得注意的是，应用统筹法虽然能大大提高效率，但多项工作同时进行，实际工作中可能因各种原因影响其顺利实施，非常容易出现相互影响，造成多项工作不能落实到位，所以，熟练应用统筹法达到节约时间的能力，要在工作中逐步培养掌握。

如今，不少单位实行了弹性工作制，我们如果巧妙利用"时间差"，采取错开"高峰"的办法，往往也能轻松拥有大块的时间。比如提前上班，可以避开堵车，不仅用时少，而且可以避免堵车造成的心浮气躁；早到单位，由于别人还没有上班，又很少有电话打扰，可以自主安排工作，有利于集中精力处理工作，大大提高工作效率；提前或错后吃饭时间，就不用排队等座，不仅上菜快，而且能细嚼慢咽，有利于身体健康。

同样，机场也有高峰期，出差、旅行搭乘飞机，错开高峰，也会减少遭遇跑道繁忙飞机飞不起、降不下的概率。总之，打好"时间差"，错开各种"高峰"，可以轻松拥有大块时间，工作生活都能大大提高效率。

落实箴言 ....

巧妙调整，轻松拥有大块时间的方法很多，多留心注意的话，往往很容易做到，关键要合理安排零散时间、大块时间的工作，提高时间利用效率。

....

◇ 为第二天的工作做好准备

在日常工作中养成日事日清的好习惯自然十分重要，因为这样可以使我们有效提高工作效率。而要做到提高工作质量，把工作落实到位，仅此还略显不够，毕竟为了完成今日的任务，我们的精力多专注于手中的工作，很难分心思考应做何改进，以使工作更快、更好地完成，也不可能再有精力，分析出现问题的原因及怎样避免再次发生。

因此，为第二天的工作做好准备非常必要，正如苏格拉底说的，"没有经过考验的人生是一文不值的。"同样，没有做前期准备的工作是不会一帆风顺的。如果没有做好准备工作，就会遇事手忙脚乱，不能将工作一丝不苟地落实到位。

为第二天的工作做好准备，最能体现我们工作的主动性，激发和培养员工的创新能力。准备工作不必非要在下班前抽出整块时间，完全可以利用工作中的零散时间随时进行，需要注意的是一有灵感或想法要马上记录下来，待以后逐步完善。

具体说到需要做哪些准备，主要有以下几项：

一是做好诸如整理工具、材料，打扫卫生等这样收尾的细节工作，及时修理更换磨损的工具，补充不足的材料；

二是利用零散时间对已经完成的工作进行总结，寻找有待改进之处；

三是对发生的问题进行分析，寻找避免再次发生的对策和办法等。

需要做的准备工作说起来很多，实际做起来并不复杂。只有那些有准备的人，才能抓住机遇，坚持做到为第二天的工作做好准备，一旦机遇来临，只有做好了充分的准备才可能抓住，没有准备或准备不充分，再多机会也可能失之交臂。人们常说，"凡事预则立，不预则废。"这句话充分说明了做好准备工作的重要性。广而言之，其实我们每天做的工作都是在为将来做准备，把每件工作都做好，真正做到落实到位，就能够使准备更加充分，有利于我们更好地抓住机会。

落实箴言

为第二天的工作做好准备，明天的工作就可以更轻松地完成；每一天都为明天的工作做好准备，顺利地完成工作也可以轻松做到。

四、自动自发地工作

自动自发就是不用别人吩咐，不用别人监督，就能主动且出色地完成工作。作为员工，不管从事的工作与预期有多么大的差距，或者工作有多么的无聊、单调和乏味，对工作永远保持乐观的态度，只要坚持努力工作，时刻记住按时完成工作，把工作落实到位，才能在工作中取得成功。

很多人工作没有落实到位时，常常从外部寻找理由和借口，不是抱怨职位、待遇、工作的环境，就是抱怨同事、上司或老板，而很少从自身寻找原因。现实中，往往抱怨的越多，员工失去的也越多，最后只能是一事无成，工作中遇到问题，员工要多从自身找原因，自动自发地工作，才能不断进步。

曾经有人这样描述对工作的选择："如果是我的话，我首先做自己能够做的事情，为了生存，我没得选择。但我能够做的事情不一定就是我所喜欢的事情或我应该做的事情，所以我第二步会选择做我应该做的事情，从各方面锻炼自己的能力，积累经验，为成功做好准备。成功后，如果我所做的不是自己喜欢做的事情，那么我就会选择做自己喜欢做的事情。因为，这时候我不必为生存发愁，不必为成功苦恼，我已经具备条件做自己喜欢做的事情了。"

一个聪明的员工，不能只做领导下达的事情，更要自觉寻找应该做的工作。只做领导下达的事情，按时完成领导布置的任务，只能算一个听话的员工，仅仅停留在合格阶段。员工不仅要听话，更要有思想有创造力，最主要的是能够为公司创造更多效益。

"做你该做的工作，但不要认为只要完成它就万事大吉了。相反，要多做一点点。很多时候，区别就在这一点点上。"工作中，自动自发地"多做一点点"，不断积累，就会成为卓越的员工。

◈ 积极主动地工作便能成功

工作中，我们必须有主动认真的工作态度，才能将工作落实到位，工作态度的不同，同样的工作，会有不一样的落实效果，自己也会有不一样的收获和结果。

艾美大学毕业后分配到英国大使馆做接线员。做一个小小的接线员，是很多人觉得没有出息的工作，艾美却在这个普通工作上做出了成绩。她将使馆所有人的名字、电话、工作范围甚至他们的家属的名字都背得滚瓜烂熟。有些电话打进来，有时不知道该找谁，她就会多问问，尽量帮忙准确地找到人。慢慢地，使馆人员有事要外出，并不是告诉他们的翻译，而是给艾美打电话，告诉她会有谁来电话，请转告哪些事，有很多公事、私事也委托她通知，艾美逐渐成了大使馆全面负责的留言中心秘书。后来，大使都破天荒地来到电话间表扬她的工作，结果没多久，她就因工作出色而破格调去给英国一家大报社做翻译。

报社的首席记者是个名气很大的老太太，本事大脾气也大，她刚把前任翻译给赶跑，对艾美也是勉强同意一试，并不太信任她。艾美没有把这件事放在心上，她依然和原来一样主动认真，工作干得同样出色，那位首席记者同样非常满意。工作中，艾美还获得了外交部的嘉奖，一年后，工作出色的艾美被破格升调到外交部。

积极主动工作的人，工作会给予他意想不到的奖赏。

作为一名员工，积极主动地工作，不仅是将本职工作落实到位，把做工作看成干事业，将单位看成自己的家，而且在工作中，即使遇到一些不是自己工作职责范围内的事情，也不能置身事外，而应积极、主动地处理好这些事情。尽管没有任何人交代，也要把解决工作中遇到的问题当成自己应该履行的职责，认真、负责地把它处理妥当，这才是一名卓越的员工应该做的。

鲍尔是一家企业的质检员。有一次，他发现单位的宣传员文笔生疏，编撰的宣传材料无法引起别人的阅读兴趣。鲍尔便主动编出一本几万字的宣传材料，送到了那位宣传员的面前。那位宣传员发现，鲍尔所编撰的这本材料文笔出众、内容翔实，远超过自己的水平，就把鲍尔所编的这本材料交给了总经理。

总经理非常满意这份宣传材料，当得知这个情况后，就找来了鲍尔问他怎么想到把宣传材料做成这样。鲍尔回答说，"我觉得这样做，既有益于对内部员工理解企业文化理念和管理制度，更有益于对外扩大我们的声誉，提升我们的品牌形象，有利于产品的销售。"

总经理非常满意鲍尔的回答。几天后鲍尔被调到了宣传部担任经理，负责对外宣传工作。不到一年时间，又因为工作表现出色，被调到总经理办公室担任助理。

虽然我们没有义务做自己职责范围以外的事，但是，在工作落实过程中，只要事关公司的事务，就不应该置身事外袖手旁观。尽管做这些职责范围以外的事务，会占用一些时间，但这样做不仅能展示我们的能力，而且会为我们赢得良好的声誉。

落实箴言

积极主动地工作，在出色完成本职工作的同时，留心单位中出现的情况和问题，自觉完成职责之外的工作，有利于员工的不断成长。员工总是做的比应该做的更多更好，必然会把每项工作做好，成长为一名卓越的员工。

◇ 要求一步，做到三步

要想做到任何工作都落实到位，首先要培养自己主动认真的工作态度，自动自发地工作。作为一名员工，按时完成任务是对其最基本的要求，而将工作一丝不苟地落实到位，甚至凡事要求一步做到三步的人，才可能成为职场中卓越的员工。

阿诺德和布鲁诺都受雇于一家商场，拿着同样的薪水。可是一段时间后，阿诺德升任了主管，而布鲁诺却仍在原地踏步。布鲁诺认为老板不公正，跑到老板那儿发牢骚。老板一边耐心听他抱怨，一边在心里盘算着怎样向他解释。最后，老板让阿诺德和布鲁诺做了一件相同的事。

"布鲁诺，"老板说，"你去集市一趟，看看今天早上有什么卖的东西。"

布鲁诺很快从集市上回来，向老板汇报说，今天早上集市上只有一个农民拉了一车土豆在卖。"有多少?"老板问。

布鲁诺赶快又跑到集市上，然后回来告诉老板说一共有40袋土豆。"价格是多少？"老板问。布鲁诺第三次跑到集市上问来了价格。

老板对布鲁诺说，"你先休息一下，看看阿诺德回来怎么说。"

阿诺德也很快从集市上回来了，向老板汇报说，"到现在为止只有一个农民在卖土豆，一共40袋，价格非常合适，土豆质量很不错，他带回来一个让老板看看。卖土豆的农民一个小时以后还会运来几箱西红柿，有几个样品他看不错，价格也非常公道。昨天我们商场的西红柿卖得很快，库存已经不多了。他觉得这么便宜的西红柿，老板可能会要进一些的，所以他不仅带回了一个西红柿样品，而且把那个农民也带来了"。

此时，老板问布鲁诺，"现在你知道为什么阿诺德的薪水比你高了吧？"

不管从事什么工作，要想获得成功，就要自动自发的把工作落实到位，没有主动认真的工作态度，员工不可能做到要求一步做到三步。即使是工作累、薪水低的工作，也要一丝不苟地做好；遇到不公平的待遇，员工要多从自己身上寻找原因，寻求解决办法，宣泄情绪不能解决任何问题。

齐瓦勃是伯利恒钢铁公司的创始人，出生在美国乡村。开始的第一份工作是在建筑工地打工，他表现出与众不同的工作心态。当别人都在抱怨工作辛苦、薪水低并因而消极怠工的时候，齐瓦勃仍一丝不苟地工作着，并为以后的发展刻苦地自学建筑知识。

当有人讽刺挖苦齐瓦勃时，他说："我不仅在为老板打工，更不单纯是为了赚钱。我还在为自己的梦想打工，为自己的远大前途打工。我要使这份工作所产生的价值远远超过所得的薪水，只有这样才能得到重用，才能获得发展的机遇。"

事实证明，正是齐瓦勃的这种工作心态给他带来了巨大的成功！

落实箴言

员工对工作要抱有主动认真的态度，要求一步做到三步，把工作落实到位，不但能取得不凡的成果，还能得到应有的回报，更能激发自身的工作热情，使自己在工作中不断成长进步。

◇ 主动"找事"做

当今的商业竞争异常激烈，雇主和雇员、企业与职工的关系也发生了变化。企业不是只需要会干活的机器，员工也不是只需要能挣钱就行的岗位。激烈的竞争、紧张的节奏、众多的变数，都要求员工不能坐以待毙，要主动给自己"找事"做。按时完成领导给你布置的任务，只能说明你是一个合格的员工。但在现代职场中，仅仅停留在合格的阶段还不够，我们必须有思想有创造力，最主要的是能够主动找事做。

老万是出版社的编辑，已经在出版社工作了十年。十年的勤勤恳恳，没有功劳也有苦劳，可是让老万感到无奈与沮丧的是，当初与他一起进出版社的现在是升官的升官加薪的加薪，可自己依然是一个最普通、待遇最低的文字编辑。

老万很纳闷，自己到底做错了什么？作为文字编辑，我看的稿子从来没有出现过质量问题，每次领导布置的任务都按时完成，从来没有挨过领导的批评，为什么就得不到升职呢？

尽管老万满肚子的抱怨与委屈，但也只能够压在心底。

这一天，出版社社长把老万叫进了办公室。老万从来没有和社长正面交谈过，他想自己是不是要升职了。

社长先说了一番无关痛痒的话，对老万的勤勤恳恳夸赞了一番，最后切入正题。社长说："老万，由于社里近年来效益不好，经过社里研究决定，将辞退部分员工。为增加效率和效益，降低成本，社里打算把部分编辑工作承包给一个公司。所以，你……"

后面的话社长不说老万也明白了，社里将要辞退他。这无疑对上有老下有小的老万来说是一个晴天霹雳。老万再也忍不住了，语气生硬地问社长为什么要辞退他。

社长这时候也说了实话，他说："老万，虽然你按时完成了社里规定的任务，但那些任务是远远不够的。你从来都不会主动找事做。在社里效益不景气的情况下，只能做出这样的决定，希望你能谅解！"

老万哑口无言。只能离开。

这个故事告诉职场中的每一个人，不要只满足你目前所做的，应该学会主动找事做。主动就是不用别人告诉你，你都可以出色地完成工作。

落实箴言

永远主动找事做，而非等事做。我们越是主动工作，学到的东西就越多，工作完成得就越出色。

第四章

蛮干不如巧干，落实要讲方法

蛮干不如巧干，落实要讲方法。职场中那些效率低下，办事不力的人是最不受人欢迎的，也是最先被裁减的对象之一。所以，工作中我们必须时刻提醒自己，追求高效率的做事方法。如果我们从一味埋头苦干中走出来，用心去寻找方法时，就会发现，原来每一份工作、每一件事情，都可以用智慧去武装，都能够用最省时省力的方式，达到最好的效果。

一、提高效率，促进落实

提高效率，促进落实。无论我们做什么事，都要高速度、高质量地落实到位，才能立于不败之地。

在日常工作中，你可能经常看到这样的情况：经理安排同样性质的工作给两位员工去做。为了做好这个工作，其中一个员工每天早来晚归，而且周末也不休息，身心憔悴，愁眉苦脸。但是另外一个员工从来都不加班，正点上下班，每天只把该做的事情做好，然后将进度告诉经理。结果辛苦工作的那个员工最终没有达到经理的要求，而另外一个员工则是得到了经理的表扬。

这是为什么呢？其中最主要的原因就是你是否高效地完成你的工作。一味蛮干是无法高效完成工作的。这是一个追求效率的时代，满大街都是忙忙碌碌的身影。

因此，工作时就应该随时保持一种紧迫的精神状态，力求以最快的速度解决好手头上的事情，把节省出来的时间用来做别的事情或者用来休息，以提高工作效率。只有提高效率，才能保证工作的高效完成。

◈ 你是在瞎忙吗

这是一场异常激烈的比赛，双方在赛场上火药味很浓，马刺队的邓肯和基诺比利被网队恶意犯规了好几次，差点动起手来。马刺队是一支强大的球队，不过这场比赛他们发挥得并不理想。从第二节比赛开始，他们就好像失去了开场时的耐心，显得急躁、焦虑，每次进攻都很仓促，仓促出手之后球总是和篮筐差得很远。

即使基诺比利拼命地抢下篮板球，有效地进攻依然组织不起来。而网队则打得有条不紊，运球、妙传、过人、投篮，球又进了！到第四节结束时，网队98比87取得了全场胜利。

赛后的技术统计显示，马刺队比网队多组织了25次进攻，但命中率仅是对方的64%，有近一半的进攻是毫无成效的，这是他们失利的最主要原因。

看到了吧！忙忙碌碌就一定好吗？不停地进攻，但却不进球，这就是无效地进攻。这就好比不停地撒网，但却捞不到鱼；只出手一次，但收获颇丰。想想如果你是老板会喜欢哪类员工？毫无疑问，当然是后者。忙，就忙到点子上，不要瞎忙，这样才会收到良好的效果。

工作中总是有一堆事情要做，其中有很有意义的，也有毫无任何意义的。所以，我们必须学会区分哪些是有意义的事情，哪些是无意义的，腾出更多的时间和精力去做更有价值的事情。这样你才能有效完成你的工作。

知名企业家王永庆卖米的故事很多人都知道，他早年因家贫读不起书，只好去做买卖。1932年，16岁的王永庆在台湾嘉义开第一家米店，当时米店近30家，竞争非常激烈。他的米店开办最晚，规模最小，更谈不上知名度了，没有任何优势。

在新开张的那段日子里，生意非常冷清。怎样才能打开销路呢？王永庆感觉到要想在市场上立足，自己就必须有一些别人没有做到或做不到的优势才行。经过一番考察和思索，他决定在提高米的质量和服务上下工夫，形成自己的优势。

20 世纪 30 年代的台湾，农村还处于手工作业状态，稻谷收割与加工的技术很落后，稻谷收割后都是铺在马路上晒干，然后脱粒，砂粒、小石子、秕糠之类的杂物很容易掺杂在里面。所以，当时出售的稻米之中普遍夹杂着这些杂物，买卖双方也都习以为常，见怪不怪。

王永庆便决定从这儿开始入手，他带领两个弟弟一齐动手，不辞辛苦，不怕麻烦，一点一点地将夹杂在米里的秕糠、砂石之类的杂物捡出来。这样，王永庆的米店卖的米，质量就要高一个档次，因而深受顾客好评，米店的生意很快红火起来。

在提高稻米质量见到效果的同时，王永庆还超出常规，推行主动送货上门的办法，这一方便顾客的服务措施，大受欢迎。就这样，王永庆在米的质量和服务上找到了突破口。自然，他很快就打开了一片属于自己的天空。

任何工作都讲究方法技巧，发现问题，并针对问题给出相应措施，才能迅速高效地完成工作。在这个追求效率的时代，做事抓重点，方能事半功倍。

你是在瞎忙吗？从今天开始告别瞎忙一族吧！高效工作的一个秘诀就是：必须始终关注自己手头的工作，找到问题的关键所在，不要被外界无关的事情干扰和影响。

◇ 要事为先，使用 ABCDE

职场中，除了日常工作，还会有临时工作，更可能面临一些突发事件和问题，因此常常出现有一堆纷繁的事情等待处理的情况。一个人的工作精力、时间是有限的，没有好的工作方法，不知应该先做什么后做什么，就会是"眉毛胡子一把抓"，往往哪项工作都做不好，既不能把工作落实到位，工作效率也不能有效提高，还可能出现更多更大的问题，造成重大损失。做好工作，把工作落实到位，离不开好的工作方法。

不论是面对一堆事情，还是处理一个问题，我们首先要有计划，分清事情的轻重缓急，制订不同的解决方案。在开始处理工作之前，花费一定时间制订计划、设定优先事件是必须的，计划方面投入的精力越多，越有利于工作顺利进行，做好计划是克服拖沓、全力投入该工作的基础和关键。

ABCDE 法是卓有成效的时间管理方法，可以极为有效地设置优先事件。这种方法每天都可以使用。简单易行是这种方法的显著特点。它虽然极为简单，却非常有效。

ABCDE法具体是，如果有很多事要处理，首先给每件事划分"ABCDE"等级。

标"A"表示事情非常重要。你必须迅速地完成它；否则，后果就会十分严重。

标"B"表示应该做的事情。这类事情的重要程度不高，不做的后果并不十分严重。

标"C"表示不会对目标的实现有什么影响的事。做不做都没什么妨碍。

标"D"表示可以交给别人去做的事情。把事情交给别人，自己做"A"类事情。

标"E"表示完全可以取消不做的事情。

ABCDE法有一条原则：如果有"A"类事情要做，就不要做"B"类；如果还有"B"类事情要做，就不要做"C"类的事情。一天之中，"A"类事情应该是始终关注的重点。

依靠这种方法，很多人成为所在领域内最能干、最高效的人，其中包括美国伯利恒钢铁公司的老板查理斯·舒瓦普。

当美国伯利恒钢铁公司还是一个小公司时，它的老板查理斯·舒瓦普曾向效率专家艾维·利请教，怎样才能更高效地执行计划。艾维·利让他把明天必须做的最重要的各项工作写出来，并按重要性排好次序。然后先从最重要的那一项工作做起，并持续地做下去，直到完成该项工作为止。然后着手进行第二项重要的工作。倘若任何一项进行的工作花掉整天的时间也不用担心，只要手中的工作是最重要的，就坚持做下去。

艾维·利告诉查理斯·舒瓦普，"要将这个方法变成每天的习惯，并把它告诉你的部属采用。这个方法你想做多久就做多久，然后给我寄支票吧，你认为值多少钱就给我多少钱。"

后来查理斯·舒瓦普给艾维·利寄去了一张2.5万美元的支票，并附上一封信，信上说，艾维·利给他上了一生中最有价值的一课。5年之后，这家不为人知的小钢铁厂一跃成为当时世界上最大的独立钢铁厂之一。

作为一名员工，也许你确实很有能力，领导指派的每件事都能出色完成，但你不可能一辈子都能这样，掌握ABCDE法，选择最重要的事情努力完成、实现，并养成优先处理最重要事情的习惯，对一个人未来的成功一定会有巨大助力。

落实箴言

善于从诸多的小事中抓住大事，从大事中把握、做好最重要的事情，是每个人都应该学习的必修课。让ABCDE的方法真正发挥作用，每个人都能成功。

◈ **处理事务有条有理**

工作中出现落实不力的情况，一个重要原因是没有将工作分解和汇总好，没有分清什么重要什么不重要，做事没有条理。不论是生活中还是工作中，做一个井井有条的人，既能省时，又能创造经济效益。如果善于利用时间的话，每天至少有整整一小时，可以用来做更有效率、成果更好的事。如果按照科学的方法，经过一番训练，时间、精力都能发挥最大的作用，所得的回报自然提高，也就可以获得更多的利益。这也正是很多人取得成功的秘诀。

工作中做到落实到位，需要掌握一定的工作技巧，善于区别轻重缓急，把握主次矛盾。但是实际工作中，有许多人缺乏这种抓落实的工作技巧。有的抓不住主要矛盾或矛盾的主要方面，不分轻重缓急，眉毛胡子一把抓；有的思路不多，方法不对头，措施不得力。结果，是力气没少下，效果却不明显，落实也到不了位。

事实上，任何一个成功的组织，任何一个成功的员工，往往都具有把工作落实到位的技巧。德国的罗兰·贝格就有一套有效的工作技巧。

罗兰·贝格每天都把自己需要做的事情和需要别人做的事情制成"内部备忘"，发放给相关人员。每一份"内部备忘"都标注上具体的时间，到了这个时间，秘书就会把"内部备忘"重新放在罗兰·贝格的办公桌上。罗兰·贝格说，没有人能侥幸让他忘记一件他关心过的事情。他认为，如果整个组织系统的领导者都掌握了抓落实的工作技巧，那么，落实就不再会是难事了。

作为一名员工，把工作落实到位，把事情整理得井井有条其实很简单，一旦养成习惯要保持并不困难。每天早晨做的第一件事应该是安排一天的大事表，先把新的工作加进大事表中，然后按照安排进行工作。大事表第一页写完了，就另起一页继续写，不要挤在空白的地方。等你完成了大事表上约半数的工作，就逐一划掉。下班回家前，记住再看一遍大事表，想想明天最重要的工作，然后为自己排定时间，写在行事日历上，便于明天一早就动工。这也是非常好的省时省力的工作秘诀。

处理事务有条有理，才能保证工作落实到位，养成井井有条的工作习惯，不仅工作效率高，而且会更有效果。

落实箴言

分清事情的轻重缓急才能做好重要的事，把工作落实到位，提高工作效率。为解决小事花费了太多精力和时间，常常是职场失败的重要原因。

二、工作中运用创新思维

创新对国家的发展，民族的进步无疑具有重大的作用，没有创新就不能发展。对个人而言，工作中常常会遇到各种问题和挑战，只有培养自己的创新思维，工作中不断创新才能不断进步，不思进取不想创新，迟早会被企业、团体所淘汰。

我们应该自觉培养自己的创新思维，工作中不断创新，把工作落实到位。

首先，要正确理解什么是创新。创新的原意有三层含义，一是更新；二是创造新的东西；三是改变。

其次，对于创新，要有正确的看法，不要把创新看得过于神秘高不可攀，创新的实质在于深入发掘、充分发挥企业员工的巨大潜能，并以此获取实际的收益。其实工作中的创新有时是非常简单的事情，比如针对工作中的不便，勤于思考结合实际稍微做些改变，就可能很好地提高工作效率，创造良好的经济效益，这就是创新。

工作中的主动性是培养创新思维的基础，只有主动才会发现工作中的问题；只有主动才会积极寻求解决办法；只有主动才会更多思考今后的发展。创新思维的培养离不开自身的主动性。

同时，在工作中创新，还要破除思想中阻碍创新的定式思维、惯性思维、线性思维等思维方式。培养自己的创新思维，要时时留心工作中存在的问题，多问问自己应该如何改进，遇到不好解决的问题，要换一种方法来思考。另外，有了创新性的想法，一定要努力去实施运用。创新不一定要大刀阔斧，而是贵在坚持；创新既有打破传统的改革，也有突破现状的改良。与创新成果相比，在工作中的创新思维更重要。

工作中，自觉培养自己的创新思维，主动优化自己的工作方式，不断完善工作流程，逐步提高自己的创新能力，有助于将工作落实到位，有效提高工作效率，对职场成功作用巨大。

◈ 优化你的工作方式

科学技术的高速发展，极大地改变着人们的生活和工作方式，其中最明显的莫过于互联网的出现，电子邮件、虚拟商店、网络会议、在家办公，不知道在互联网出现前，有多少人能够想象到人能这样工作、生活；如今，如果没有了网络，也不知道会使多少人不能正常的工作、生活。当今世界的急剧变化，常常使人生出手足无措的感觉，正如一首歌中唱到的："不是我不明白，这世界变化快"。

科技进步带来的巨变，尽管会对个人有冲击，但更多的是一种机遇。面对科技进步大潮的来临，如果认为与自己关系不大，不能主动适应工作中的变化，必将很快被淘汰出局；而能够主动适应并自觉改变的人，则可能成为职场中新的佼佼者。要真正成为科技大潮的"弄潮儿"，最有效的手段就是培养自己的创新思维，努力提高自己的创新能力，更好地把自己所从事的工作落实到位。

以创新应对科技进步对工作方式的冲击，首先要做到自觉学习掌握更先进的科技和专业知识。

"知识改变命运"的道理很多人都明白。

曾清明，1997年到深圳打工时只有高中文凭，而且他还欠下了当时属于天文数字般的10万元债务，千辛万苦找到的工作只是做一名油漆工。

上班第一天，曾清明就被油漆种类弄得发晕，但他没有灰心丧气，第二天一下班，他就到书店买了一本《油漆施工疑难解答1000问》，书的价格相当于曾清明一周的生活费。之后的一周里，曾清明每天只睡5个小时，白天工作，晚上对照书籍想办法解决工作中遇到的问题。

第二周上班，两眼通红的曾清明解决了一个又一个的技术难题，而且能讲出一套套的理论。第8周，曾清明被任命为公司油漆队队长。从此，他更加努力工作、学习，凭借学到的油漆方面专业知识和实践经验，很快就成为全公司最好的油漆工。

打工期间，他意识到电脑的重要，就想方设法学习电脑知识，之后随着工作的升迁，他主动学习了社交礼仪、演讲口才、顾客心理、营销策略等方面的知识，在被任命为公司销售代表后的5个月时间里，曾清明签下了360万元的订单，名列公司第一6。之后曾清明先后担任工程监理、工程部经理、客服中心总监等职务。8年时间，这个来自湖南偏远山区的青年改变了自己的人生，这正是他自觉学习掌握科技和专业知识的结果。

以创新应对科技进步对工作方式的冲击，还要留心发现工作中的问题，主动寻求解决办法，建立合理的流程，优化现有的工作方式。

美国的戴尔正是利用了通信技术的进步和全美物流网络的发展完善，创出了电脑的直接销售与接单生产方式，通过压缩接到订单到出货的时间，有效减少了存货，控制了成本，而且能更及时地向客户提供最先进的电脑，借此优势，如今，戴尔电脑公司已成功超越众多对手迅速成长为世界顶级的电脑公司。

落实箴言

　　培养创新思维，不断学习新的知识，以创新优化自己的工作方式，可以让我们不走寻常路而将工作落实到位，在职场中取得成功。

◈ 制定简明的落实流程

　　每个企业、团队都有自己的工作流程，对工作中出现的不同情况，制订了不同的解决、行动方案。全面详尽的流程能使信息、资源得到最有效地利用，能使人力、物力得到最合理地使用，为各项工作任务的落实提供重要保障。一丝不苟地落实工作流程，是事半功倍的关键所在，是用最经济的方式来获得最好结果的重要途径。

　　对于刚刚参加工作的员工，学习掌握工作流程是必须的，通过工作流程，员工能更清晰地了解企业和自己从事的工作，为员工开展工作提供行动指南，对工作可能出现的问题，通过工作流程的解决方案，可以节省精力和时间。

　　而在实际工作中，出现的问题或情况千差万别，依据工作流程制订出具体的解决办法，通常都需要一定的时间，常常造成组织与实施工作错过最佳时机，无法取得理想效果，使落实大打折扣。实践证明，有些工作和任务不能高效地落实，很大程度是落实的流程不合理所造成的。要从根本上解决落实的问题，需要制定合理的落实流程。科学技术的高速发展使企业趋向扁平化管理，更会凸显已有工作流程的不合理之处，同时也为制定简明的工作流程提供了条件。

《孙子·谋攻篇》中有"上下同欲者胜"之说。拿破仑曾经说过："只要我有足够的勋章，我就可以征服世界。"由此可见，员工在企业发展和团队建设中能够发挥巨大作用，同样，在企业、团体制定合理的工作流程中，也应充分发挥员工的作用。企业里的每个员工，都是有着不同性格、学识、才干、天赋和不同思维方式的个体，正因为员工个性不同，擅长的专业不同，企业在落实工作时做到人尽其才，充分发挥员工才能，在制定合理工作流程中才能够找到最合适的人选。

员工在落实工作流程过程中，对工作流程有最直接的感受，往往能对症下药去解决落实流程中出现问题，有效提升工作效率。让员工在自己最熟悉、最了解、最擅长的工作中去发挥想象力和创造力，会使他们倾其全力地去发挥作用。

对员工而言，简明的工作流程有利于工作的落实。在工作中发现问题，自觉运用创新思维解决问题，不仅对企业制定简明的工作流程有促进作用，而且有利于员工的成长。

知人善任能做到人尽其才，人尽其才就能真正发挥潜能。简明的工作流程有利于工作落实，制定简明的工作流程，离不开具有创新能力的员工。

◇ 流程中不断完善

如果用科学发展的眼光来看，任何流程都没有十全十美的，都有可以改善的余地。但改善应由谁提出来呢？老板还是主管？其实正确的答案应该是：工作流程的改善应该由从事这项工作的员工提出来。因为员工具体负责工作的落实，所以最了解工作流程的优劣，知道其中影响落实的问题出在哪里。员工应该积极培养创新思维，主动思考如何将工作更好地落实到位，通过创新不断优化、改善工作流程。

当今世界是高速发展、竞争激烈的时代，工作中出现的情况问题日益多样化，传统的工作流程难以及时快速地解决工作中的问题，因为工作流程造成的落实问题随处可见。比如，流通企业中，客户抱怨的处理时间过长；工业企业中，设备因使用不当或缺乏保养，经常出现故障；社会失业人员很多，企业单位又经常抱怨人力不足；计划或决定常因中间环节过多，而未能执行到位……这些问题如果不及时改善，必将削弱企业的竞争力。员工应主动发现工作中影响工作落实的原因，自觉运用创新思维，积极思考，寻找更好的解决方法，通过自主创新有效解决工作中遇到的各种问题。

要在职场中取得成功，工作中做到优秀甚至卓越，必须不断提高工作主动性，培养自己的创新思维，通过自主创新解决工作中落实不力的问题。工作中不能自觉发现问题，积极思考解决办法，主动解决出现的问题是阻碍员工成长的主要原因。

在落实领导交办的任务时，首先，要立即落实不能拖沓，更不能找借口拖着不办；其次，要思考制订工作方案，最好能多制订几套方案应对可能出现的问题；然后对几套方案进行权衡，选取最佳方案进行落实。落实过程中，还要与领导不断沟通，及时纠正出现的偏差。不能一味埋头苦干，否则，等辛苦干完了才发现与原定目标相距甚远，不仅领导不满意，自己辛苦所做的一切也白费。

对于工作中出现的问题，在按照工作流程处理问题过程中，要善于发现问题，思考问题出现的原因，并对引发问题的各种原因进行分析，找出根本原因，然后尽快解决问题。除此之外，还要对解决的问题不断总结，在思考如何避免类似问题再次发生的同时，还要思考是否有其他解决方案，为今后处理其他问题积累经验。

不论是完成领导交代的工作，还是处理日常工作中出现的问题，都要自觉培养创新思维。解决问题的过程就是不断总结、改进和完善工作落实的过程，自觉创新能力，就是在解决工作中出现的一个又一个的问题中培养出来的。

落实箴言

　　主动运用创新思维，在工作中自觉发现问题，及时解决问题，是工作落实到位的基础。不断总结经验，提高自己的创新能力，逐步完善工作流程真正做到落实，是成为卓越员工的关键。

三、集中精力是落实的保障

　　集中精力是落实的保障。在激烈的职场竞争中，如果能够集中注意力，专注于自己的目标，那么他会比其他人更有抓住细节和主流的能力，有效完成工作的机会也将大大增加。美国成功学励志大师拿破仑·希尔，曾经把专注喻为人生成功的"神奇之钥"。

　　斯图亚特·菲尔普斯说："一个具有明确目标的人才能更加准确地把握他的生活，因此，他的生活也变得更加有意义，他的任何行为和神态都会令人刮目相看。在路上，我们一眼就能认出那些积极工作，忙碌奔波的女士。她们身上散发的坚毅和自信，即使身着破旧的外衣也无法掩盖住——自尊与自信不是身穿华丽的衣服就能获得的。拥有明确的目标，并为之努力奋斗将可以使人充满活力，而且会早日驶向成功的彼岸。但是一个不知道自己驶向何方的水手，是不会顺利地到达目的地的。"

　　卡莱尔说："即使最脆弱的生命，一旦集中精力为了一个目标去奋斗，也能取得成功；即使再强大的生命，如果将精力四处分散，也只能一事无成。水滴石穿就是其中一例，而那些湍急的河流从来都不会留下任何宝贵的痕迹。"

因此说，凡是在工作岗位上能够保证工作落实的人，他们都能够始终专注于自己的工作，专注于一个目标。

◇ 专注使人高效

所谓"专注"，就是集中精力、全神贯注、专心致志。一个专注的人，往往能够把自己的时间、精力和智慧凝聚到所要干的事情上，从而最大限度地发挥积极性、主动性和创造性，努力实现自己的目标。

一个很简单的物理现象：用放大镜把太阳光聚焦于一点，便能轻而易举地生起火。专注的力量在于，它能使你把精力集中起来，聚焦于一点上，并以最快的速度找到解决问题的方法。因此把精力集中到一点上来，任何人都可以创造奇迹；任何员工都能高效地完成自己的工作。那么，工作中我们应该如何使自己专注呢？

1. 写下每天的任务以计划你的一天

没有什么比一张放在旁边的任务单更让你集中注意力了。当写下当天需要完成的事项后，把它放在旁边可以不断提醒你要集中注意力。

2. 清理你的桌面

你的办公桌也许只能用混乱来形容。如果你不需要花太多时间就能够找到你要的东西，那么混乱也还可以接受。

但是，如果你不能够迅速找到你要的东西，建议清理一下你的桌面。这并不是说要让这张桌子什么东西都没有，而是指如果你需要一件东西的时候，你能够随手就拿到。比如，当你需要一个地方写字的时候，让笔和纸放在一个你很容易就能拿到的地方，这很有帮助。

3. 分配出同事可以打扰你的时间

在一个忙碌的工作场所，大家不断地走动和谈论。如果你的工作角色要求其他成员和你交流，试着分配一个时间段可以让大家和你交流。让他们知道一天中的某个时间，比如下午两点到四点你可以被打扰，而不是每十分钟就被打扰。这样，在其他的时间，就可以真正的有连续的时间做一些工作了。

4. 不要在早上检查私人邮件

在早上检查私人邮件是很让人分心的事，即使你设置了邮件过滤。特别是当你的朋友发给你有意思的文章、笑话时，一不小心，就可能一下子陷进去几小时。最好开机就开始工作而不检查私人邮件，又或者可以在完成一些任务或者已经开始进入工作状态后检查私人邮件，如果你不想被分心，等到工作完成后再回复。

5. 不要长时间打私人电话

大部分人都能分清工作和生活（或者说尝试着分清）。我们都希望在我们的私人时间不要受工作的影响。反之也成立。试着限制在工作时候做私人事情的时间，不然这样会分散你的注意力和工作的动力。你肯定不希望在需要完成一件重要的事的时候还想着周末和家人出去玩的事。

6. 把你的水瓶装满水

不管出于什么理由，足够的水对你的健康都很重要。在一天开始的时候就把水瓶装满足够的水而不是每一小时就去装一次水。这样你就不需要每次排队打水，也不会和打水的人聊起来。

7. 改变你的观念，让工作变得有意思

集中注意力做一件自己不喜欢的事情是一件很难的事。在多数情况下，可能什么也做不了。但是，也要注意到"对于工作的感觉也是可以控制的"这个事实。注意力不集中，是因为没有挑战，所以，改变你的观点，把工作当作游戏，让你的工作变得有意思起来吧。

落实箴言 ....

只有一心一意地、集中精力地专注于自己的工作，才能发现工作中细枝末节的问题，才能全力以赴地保证工作的落实，从而比他人更容易找到通往成功的突破口；否则，就很容易在工作中出差错，当然，更谈不上落实工作了。

....

◈ **一次只做好一件事**

一次只做好一件事，制订一个工作目标。但职场中的很多人都不明白，总是一人揽下许多工作，这个也想做好，那个也想做好的，到头来什么也做不好，哪个工作也没真正落实好。就像下面的那只小猴子：

有一只活泼又聪明，但就是做事没条理的小猴子。一天，小猴子下山去玩，看到一颗桃树，连忙摘了一个大桃子，抱起桃子，它走呀走，看到了玉米，马上扔掉了桃子去摘玉米，抱起玉米，它又一路蹦跳着往前走，突然它看到了好大一片瓜田，小猴子又扔掉了玉米，赶紧去摘西瓜。小猴子抱着西瓜走啊走啊，走了好一阵子，累极了，便放下西瓜，一屁股坐在西瓜上。这时，一只小白兔跑过，小猴子马上又来了精神，急忙丢下大西瓜，去追小白兔。小白兔跑得太快了，小猴子累得直喘粗气，也没追上。

天黑了，小猴子要回家了，这时候，小猴子才发现自己两手空空呢！

一个人的精力是有限的，把精力分散在好几件事情上，不是明智的选择。一次做好一件事，就能有所收益。只有这样，才能真正把工作落实好。

美国著名企业家亨利·福特曾经说过："做好事情的捷径就是一次只做一件事。"把精力放在一件事情上，全身心地投入并积极地希望它成功，这样就不会觉得心累，不要让思维转到别的事情、别的需要或别的想法上去，专心于已经决定去做的那个重要项目，放弃其他所有的事。只有如此，你的工作才能保证落实，你才能做出成绩来，在众多员工中脱颖而出。

罗伯特是一位推销员，他在推销自己的产品的时候，总是给自己提出具体的任务，完成一件事，再做下一件事，然后再逐渐增加任务量，结果客户越来越多了，这激发了罗伯特的热情。从此，他不论什么状况，每个交易，都会设立一个明确的数字作为目标，并在两三个月内完成。

罗伯特说："我觉得，目标越是明确，越感到自己对达成目标有股强烈的自信与决心。"他把所有的访问都准备得充分完善，相关的业界知识加之多方面的努力积累，终于使自己的业绩创造了空前的纪录。

优秀的员工是那些全力以赴、锲而不舍提升自己的人，他们一锤又一锤地敲打着同一个地方，直到实现自己的愿望。一旦一名员工把落实工作作为自己的目标，再注入信心，也就已经成功了一半。但是要想获得另一半的成功，尚需付出坚持不懈、锲而不舍的努力，把全部的注意力集中于工作目标之上，直到你真正把工作落实好为止。

落实箴言

"泛而杂"，是一个致命的弱点。专注于一个目标，一次做好一件事，才可以保证工作高质高效的落实。

❖ 不要被琐事干扰

在工作中我们总会被很多的琐事包围，比如接听无关紧要的电话，删除垃圾邮件等。而在职场中，恐怕业务助理或是秘书等职位最容易受到这类琐事的困扰。在线互动的时候有个朋友说："我是做业务助理的，每天都会有很多琐碎的事，在做一件事的时候，会被打断很多次，有的时候忙完一件事回来都不知道自己被打断的是什么工作了，这让我很烦恼。"的确，零星琐事是职场中每个人都逃不掉的，这些诸多方面的因素就是对你把握重要事务的能力的挑战。假如因为这些次要事务而停止了前进的步伐，甚至因此而偏离了目标的方向，那么，你就会离成功的目标越来越遥远。

歌德曾经说过："重要之事绝不可受芝麻绿豆小事牵绊。"

刘勇是某私企经理的助理秘书，几年来，他勤奋努力，事必躬亲，却发现自己总被一些琐事包围着。对一些重要又不太懂的事，他总是采取逃避的态度，非拖到不能再拖的时候，才动手去处理，结果却因时间仓促，常常草草了事。

一次老板出差，让他起草一份在董事会上的发言报告。他想时间还有一周，不必着急，于是摩拳擦掌地决心好好给老板露一手。其后的几天，他忙于完成另外的几件事：寄了几封信，发了几份传真，打了几个无关紧要的电话，给老板的一位朋友买了一束鲜花去贺他的开业之喜，又和自己的几个朋友小聚了一两次。

突然一天上班之时，想到老板明天就要回来了，可是他要的报告还未见一字。本打算全力以赴完成报告，可是已安排了一个预约接待，一谈就是半天，下午又要安排去机场接老板的事，然后又被别的部门叫去协商安排明天的会议，终于把一切安排妥当，此时，也就到了下班时间，于是决定回家加班。吃过饭，电视里又有一场精彩的足球赛，终于忍不住把球赛看完，此时已是晚上 11 点，刚写了开头，又发现一些文件忘了拿回来了，只好第二天赶早到办公室写出报告的后半部分。

结果，一份原本可以轰轰烈烈、一鸣惊人的报告变成了一份毫无特色、草草而就的文件。刘勇常常想不通，为什么自己几年来一直兢兢业业、埋头苦干但工作起色不大，而且职位升迁很慢。

其实，生活中像刘勇这样的人还有很多，工作也没少干，整天又累得不行，但是到头来时间没少用，力气也没少花，成效却是微乎其微。

在工作中，要想有效工作，就要集中精力于当务之急，排除那些次要事务的牵绊。如果进入行动状态后，全力以赴地向前迈进，这样就很容易落实，也很容易完成你的工作任务。

要想不被琐事干扰，每当一项新工作开始时，我们都必须首先让自己明白什么是最重要的事，什么是我们应该花最大精力去重点做的事。分清什么是最重要的并不是一件易事，我们常犯的一个错误是把紧迫的事情当作最重要的事情。

紧迫只是意味着必须立即处理，比如电话铃响了，尽管你正忙得焦头烂额，也不得不放下手边工作去接听。紧迫的事通常是显而易见的。它们会给我们造成压力，逼迫我们马上采取行动。虽然它们往往是令人愉快的、容易完成的、有意思的，却不一定是很重要的。会占用我们大量的时间。

重要的事情通常是与目标有密切关联的并且会对你的使命、价值观、优先的目标有帮助的事。是需要我们真正花费精力和时间去完成的。

落实箴言 ....

在工作中，要想有效工作，就要集中精力于当前的要务，排除那些次要事务的牵绊。如果进入行动状态后，全力以赴地向前迈进，就很容易落实，也很容易完成工作任务。

....

四、落实工作无小事

老子说："天下难事，必做于易；天下大事，必做于细。"这句话精辟地指出了想成就一番事业，必须从简单的事情做起，从细微之处入手。

职场中，落实工作无小事，细节贯穿在所有工作中，要想使工作真正落实到位，首先要重视细节；其次要在工作中持之以恒，始终把小事做好；把握细节、做好小事是优秀员工必备的素质。

细节把握程度越高，做得越细，落实的效果越好；同时，落实越清晰细致，越有助于员工对工作本身更深地理解；理解得越透彻，越能保证团队内外对策略的理解的一致性和清晰性，从而提升团队效率，促进工作效率的提高。

我们应该从小事着手，养成细致入微的工作方法和落实习惯，不管做任何工作，身处何种岗位，都要严谨认真、有条不紊、规范有序，从基础入手，把工作落实到位。要把眼睛盯在应该做好的一件件小事上，哪怕是一颗螺丝钉，也要保证拧紧。

重视细节贵在坚持，"小事成就大事，细节成就完美。"不屑于做小事的人不可能做好大事，落实到位不分大事小事，落实工作无小事。

◈ 细节成就业绩

落实要从小事做起。工作中，脚踏实地的从小事做起，真正把工作落到实处，就是要把一件件小事做好。工作中的小事往往是最好的"试金石"。

曾经有一个知名大学的毕业生，以优异成绩考入一家省级机关做公务员。工作后，开始他豪情万丈，一心只想干出大事，充分展现自己的能力。不料上班后才发现，每日无非是些琐碎事务，既不需太多才能，也看不出什么成果，心便渐渐地冷了下来。一次单位开会，部门同仁彻夜准备文件，分配给他的工作是装订和封套。

处长再三叮嘱："一定要做好准备工作，别到时弄得措手不及。"他听了更是不快，心想：初中生也会的事，还用得着这样嘱咐？根本没理会。同事们忙忙碌碌，他却在旁边看报纸。文件终于交到他手里。他开始一件件装订，没想到只订了十几份，订书机"喀"地一响，针用完了。他这时才发现，平时满眼皆是的订书针竟然连一根都找不到。那时已是深夜，文件必须在大会召开之前发到代表手中。处长很生气，他只能低头不语。最后几经周折才找到一家通宵服务的商务中心，终于赶在开会之前，将文件整齐漂亮地发到代表手中。

这件事让他深刻地领悟到：用十分的准备迎接三分的工作并非浪费，而以三分的态度来面对十分的工作，将带来不可逆转的恶果。在通往成功的路上，真正的障碍，有时只是一点点疏忽与轻视，比如，那一盒小小的订书针。

其实，所有的工作都是由一件件小事构成的。很多人每天所做的可能就是接听电话、整理报表、绘制图纸之类的小事，但正是从这些小事才能体现出落实是否到位。要想把每一件事做到完美，就必须付出长期的热情和努力。

希腊哲学家苏格拉底对他的学生们说："今天咱们只做一件事，每个人尽量把胳臂往前甩，然后再往后甩。"并做了一遍示范。"从今天开始，每天做300下，大家能做到吗？"学生们都笑了，这么简单的事，谁做不到？

一年之后，苏格拉底再问的时候，全班却只有一个学生坚持下来，这个人就是后来的大哲学家柏拉图。"这么简单的事，谁做不到?"这正是许多人的心态。但是，请看看结果吧。

落实，就是要有从小事做起的心态，没有这样的心态和行动，就不是一个合格的落实型员工。世界旅馆业之王希尔顿是一个注重"小事"的人。希尔顿要求他的员工："万万不可把我们心里的愁云摆在脸上！无论饭店本身遭到多大的困难，希尔顿服务员脸上的微笑永远是顾客的阳光。"正是这小小的"永远的微笑"，让希尔顿饭店遍布世界各地。

落实箴言

职场中的一般员工与成功者，工作时他们都做着同样简单的小事，惟一的区别就是，成功者从不认为他们所做的事是简单的小事，总是付出百倍的努力，并且坚持不懈地永远做了下来。

◈ 忽视细节，铸成大错

一个项目，规划得再好，如果没有执行或落实不到位，也不能达到预期的效果；一名员工，工作再努力，如果忽视细节或不做好小事，也不可能取得成功。无论做人还是做事，细节都非常重要。工作中，百分之一的失误，就可能导致百分之百的失败。不注重细节，忽视细节，最终铸成大错的事例不胜枚举。

对于"泰坦尼克号"的沉没，人们找出来很多原因，其中有一种说法很值得玩味。当年，幸存的瞭望员弗雷德·弗利特在接受事故调查讯问时，说出了一个惊天秘密："如果当时能用望远镜，就能早些发现冰山，"泰坦尼克号"也会有足够的时间绕开冰山！"而瞭望员没有拿到望远镜的原因是：装有望远镜的储物柜锁着，而打开储物柜的钥匙在开船前被临时撤换的二副匆忙中带下了船，导致瞭望员只能凭借肉眼观测前方障碍物。等发现冰山为时已晚，最终巨轮沉没，1 522 人丧生大海。谁能想到，很可能就是由于这把钥匙被带下了船，才导致了"泰坦尼克号"的沉没。

在讲求精细化的今天，从小事可以反映出员工的专业水准，从细节可以突显员工的内在素质。不论是谁，不重视做好小事，忽略细节，可能都会造成无法挽回的损失。

一位经理有一个恶习，就是不管在什么场合，一旦得意便不自觉地抠自己的鼻孔。一次，在与合作方进行合资立项谈判中，双方谈得非常顺利，合同马上就要签字生效了，这位经理得意忘形旧病复发，手指不自觉地便伸进了鼻孔。这个动作被对方老总注意到了，并皱起了眉头。

5分钟以后，这位经理依然在继续着动作。对方老总立即阻止了正要在协议书上签字的双方代表，随后表示这份合作意向还需再重新探讨，然后领着自己的人扬长而去。这位经理及谈判人员感到莫名其妙，最后双方的合作以失败告终。

事后，有人问那位扬长而去的老总，究竟是什么原因

使他在最后时刻阻止了协议签字的。这位老总说："在那样
庄重的场合，对方的经理竟然当着客人的面抠鼻子，而且
肆无忌惮，说明这位经理的素质是非常低的。经理的素质
如此，其手下的员工的素质可想而知了。与低素质的人合
作，是要冒极大风险的。我们不愿意拿自己的资金来冒这
样大的风险。"

无论做人还是做事，细节都非常重要。工作中，百分
之一的失误，就可能导致百分之百的失败。与客户交谈中，
一句不中听的话，就会丢掉一份订单；一个不经意的礼仪
失误，会使良好的企业形象毁于一旦；如果忽视细节，工
作落实不到位，即使付出再多努力，也将一事无成。日常
工作中，一个细节的忽视，可能会导致整件事的失败。所
以无论做什么工作，都要有恒心、细心、用心地去做，力
求完美。

事业成功与否，内因是起决定作用的。小事做不好，
工作粗枝大叶，是难以成就一番事业的。细节是一种积累
的经验，是一种眼光和智慧。只要把精力放在做好每一件
小事上，注重细节，从细节着手，在细节上下工夫，在细
节上去创新，做到精益求精，把每件小事做细、做实、做
好，就赢得了制胜的主动权。这是追求完美结局的最佳
途径。

落实箴言

抓住细节，就赢得了制胜的主动权。伟大源于细节的积累，一切从小事做起，是重视细节、完善细节的最高体现。平时不注重工作细节，就要为忽视细节付出代价。

◆ 细节落实到位便能做到

工作的失败常常是从忽视非常细小的地方开始的；成功则往往从重视做好每一个细节中获得。我们应该树立精细化理念，认识到细节的重要，细节落实到位便能做到。

乔·吉拉德被人们称为"世界上最伟大的推销员"，注重细节使他创造了 12 年推销出 13 000 多辆汽车的吉尼斯世界纪录，而且车都是用零售方式一辆一辆地卖出去的，最高纪录是一年曾经卖出了 1 425 辆汽车。

一次，一位妇女来到吉拉德的汽车展销室，说想要一辆白色福特轿车，她刚去了福特车行，但那里让她过一个小时再去，所以自己先到这里看一看。吉拉德非常热情地微笑着欢迎她进来。交谈中得知今天是那位妇女 55 岁的生日，想买一辆白色的福特车作为生日礼物送给自己。

吉拉德立刻很有礼貌地祝她生日快乐，随后他向自己的助手交代了几句，便领着那位妇女从一辆辆新车前慢慢走过，一边看一边详细介绍。来到一辆雪佛莱车前时，他建议："夫人，您对白色情有独钟，请看这辆轿车也是白色的。"这时，助手将一束刚买来的鲜花交到了吉拉德手中，吉拉德把这束鲜花交到了那位妇女手中并说："祝您生日快乐！夫人。"顾客十分感动："先生，太感谢您了，很久没有人送礼物给我了。我想了想，其实我也不是非要买福特车。"最后，那位妇女开走了吉拉德店里的一辆白色雪佛莱轿车。

这只是乔·吉拉德在创造推销奇迹中的一个小举动，却显示出他对每一位顾客照顾的细微程度，也正是这些非常细小的地方显示了其推销的真功夫。细节具有非凡的魅力，对细节的关注给他人带来的是一种体贴入微的舒服，一名成功的推销员必须具备一颗尊重普通人的爱心，而爱心来自注重每一个细节。

细节往往能暴露很多刻意要隐藏起来的东西。在职场中，每个人的一举手一投足都会对工作的落实有影响，培养严谨的工作思想、细致的工作作风，精益求精的工作态度，是员工职场成功的基础。

落实箴言

要想赢得公司上下甚至包括客户在内的普遍认可，必须注重细节，工作能力和人格魅力都通过具体的细节展示出来，细节落实到位便能做到。

第五章

团结力量大，落实需要协作

个人的力量是有限的，只有与同事团结起来，力量才是无限的。面对激烈的社会环境，要想把工作落实到位，还需要与部门同事、兄弟部门之间进行有效的合作。

一、树立团队协作的意识

随着竞争的日益激烈，团队协作的精神显得尤为重要。我们每一个人只有融入团队中，才能最大限度地发挥自己的潜力。因此，在每一个人的职业生涯中，都必须要树立团队协作的意识。

这是一个团队协作的时代，那种单打独斗的时代早已过去了。如今，无论你从事何种工作、处于何种环境，都无法独自完成所有的事情。因为我们是社会中的人，每天不可避免地通过各种渠道、以各种方式接触到众多的同事、朋友。这个时候，团队就起着不可忽视的作用。

21世纪的重大创造性活动将依赖于跨国、跨地区、跨学科的人才群体的合作。据有关专家统计，在所有诺贝尔获奖项目中，因协作而取得成功的占三分之二以上。在诺贝尔奖设立的前25年中，因合作而获奖的占41%，而现在则上升到了80%。

由此可见，合作对于落实多么重要。我们的成功，完全靠自己是无法取得的。树立团队协作意识吧！一个只有重视团队精神的员工，才有可能在激烈的市场竞争中保持着胜利的纪录，否则落实工作将会很困难。

◈ **合作与落实紧密相连**

21世纪是一个合作的世纪，合作已成为人类生存的手段。因为社会分工越来越精细，科学知识向纵深方向发展，人们不可能再成为百科全书式的人物。每个人都要借助他人的智慧完成自己人生的超越。

在自然界，大雁是一种天生的合作者。成群的大雁经常排成"人"字形队伍步调一致地飞行。科学家研究发现，大雁以这种形式飞行，在相同时间内要比单独飞行多飞出12%的距离。因为为首的大雁在前面开路，能帮助它两边的雁形成局部的真空，从而减少飞行过程中的空气阻力。

世上现存最高大的植物当属美国加利福尼亚的红杉。红杉的高度大约为100米，相当于30层楼那么高。科学家对红杉进行了深入研究，发现红杉的根只是浅浅地浮在地表而已。这使得红杉能方便快速而大量地吸收赖以成长的水分，从而得以快速茁壮地成长。但是，根浮于地表也有弱点。如果高大的植物的根扎得不够深，这种植物就非常脆弱：只要一阵大风，就能将它连根拔起。可红杉为什么却能长得如此高大且屹立不倒呢？

科学家发现，没有一株红杉是单独生长的，它必定生长在一大片的红杉林中。这一大片红杉彼此的根紧密相连，一株接着一株，结成一大片。这让红杉牢牢地粘在了地面上。即使是自然界威力无比的飓风，也无法撼动几千株根部紧密连接，占地超过上千公顷的红杉林。除非飓风强到足以将整块地掀起，否则再也没有任何自然力量可以动摇红杉分毫。这就是团队的力量。

在自然界中，动物和植物的合作生存都是如此；在现代职场中，对于任何一个员工来说，合作也是一种必然的趋势。只有合作，才能保证落实，才能把工作完成得更好，才能把事业做大做强。

微软集团创始人比尔·盖茨可以说是公认的聪明绝顶的人物，但是，你或许不知道，比尔·盖茨所取得的成就同样也不是由他一个人所创造的。对他事业起到了决定性帮助的人物当属现任微软总裁史蒂夫·鲍尔默。

比尔·盖茨是一个计算机技术的天才，但是，他在公司管理方面却显得手足无措。以至于微软刚成立的时候，就陷入了重重危机。比尔·盖茨非常清醒地认识到了这一点，于是，比尔·盖茨决定去找鲍尔默。1980 年，比尔·盖茨在他的游艇上以 5 万美元的年薪说服了当时就读于斯坦福大学商学院的鲍尔默加入微软。从此，这两位性格迥异的好友通力合作共同创造了震惊世界的财富神话。

养成良好的合作习惯，关系每一位员工的前途大业。要想在职场中脱颖而出，就必须学会与他人进行合作。合作一方面可以弥补自己的不足；另一方面可以形成一股合力。

善于团结他人的人，能引导其他人进行合作，或者引导他们团结在自己周围，完成一项共同的工作。但并不是所有人都能有效与他人合作。那么，我们该如何与他人合作呢？

1. 要具有双赢意识

如果只是自私地想自己成功，而不顾其他人，这样就没有人愿意和你合作。合作的目的是通过大家的共同努力，取得共同的成功，而不是个人单独的成功。

2. 以诚相待，互相尊重

既然是合作伙伴，就是利益共损，风险共担的，一损俱损，一荣俱荣。因此，要团结一致，以诚相待，互相尊重，共同发展。

3. 胸怀大度，求同存异

君子和而不同，在合作的过程中，难免会出现一些分歧，闹一些矛盾，既然走到一起来了，就说明双方有缘分，要珍惜合作机会，互相谦让一步就过去了。千万不可斤斤计较，因小失大。

落实箴言

合作与落实紧密相连。合作是一种团队精神，是提高工作效率的最有效的手段，是员工落实工作的必要途径。

◈ 切勿只扫自己门前雪

随着社会分工的越来越精细化，一项工作往往只有在群体的共同协作下，才可能有效地落实好。因此，现代职场中个人需要团队，团队也需要个人，两者互相需要，也就是说既需要分工也需要协作。因此说工作中切勿只扫自己门前雪。

也许会有人说各级有各级的责任范围，如果你管了他人瓦上霜，那么人家就会说："你做你的事，干吗要管那些与你没关系的事啊？"

这是职场中许多员工的通病。埋头做好自己的工作、"扫好自己门前雪"是没错的，但如果只局限于自己的门前，而忘掉团队应有的协作精神，就大错特错了。在现代的企业以及其他组织群体中，更多的员工把分工与协作割裂开来，只关注分工，而不重视协作，错误地以分工为名，只关注自己"分内"的事，而对于那些"分外"的事，则不管不问；一旦让其做"分外"的工作时，便很不情愿，甚者以不属于自己的工作范围为由加以搪塞或者拒绝。

这种观念是团队协作的敌人。有了这种观念，人们就会认为自己和公司只是一种交易关系，你付钱给我，我就干，不给钱那就不干。这种斤斤计较的人一开始可能只是为了争取个人的小利益，但久而久之，当它变成一种习惯时，这些人就会为利益而利益，为计较而计较，就会变得心胸狭窄，自私自利，从而把团队的协作精神丢掉一边，最终把团队割裂开来。

在落实工作的过程中我们应该做到分工不分家，也就是说一名优秀的员工对自己的工作必须清楚，对别人的工作也必须清楚。一名优秀的员工要做到三点：一、必须全面完成自己的那份工作；二、必须有团队合作精神；三、必须从企业发展的高度考虑问题。

在职责清楚、分工明确的基础上，相互之间进行协作也是很有必要的。可以说，一个团队的绩效是通过充分协作来实现的。如果员工之间不能协作，那么就不能称其为团队。

让我们看看下面这个故事吧。

有一天三个和尚在一间庙里相遇。

"这庙为什么荒废了？"有人问道。

"必定是和尚不虔诚，所以菩萨不灵。"和尚甲说。

"必定是和尚不勤，所以庙堂不修。"和尚乙说。

"必定是和尚不敬，所以香客不多。"和尚丙说。

三人争执不下，最后决定一起留下来各尽所能，看看结果如何。于是和尚甲虔心礼佛，和尚乙重修庙堂，和尚丙化缘讲经。不久后，香火鼎盛，访客络绎不绝，破庙又恢复了生机。

于是，三人开始总结了。

"都因我礼佛虔心，所以菩萨显灵。"和尚甲说。

"都因我重修庙堂，所以庙宇堂皇。"和尚乙说。

"都因我讲经化缘，所以香客众多。"和尚丙说。

三人谁也不服谁，日夜争执不休，庙里的盛况又逐渐消失了。

其实这就是一个典型的例子，三个人都没明白是他们齐心合力才创造了团队的协作效果，使寺庙香火旺盛。同时，也是他们的各自为政、想以局部凌驾于整体之上的错误做法又导致了寺庙的衰败。

职场中被淘汰概率最高的七种员工类型里，有一种就是不重视协作。所以，要想不被淘汰，就必须注重协作，

别把自己与团队分离开，切勿只扫自己门前雪，不管他人
瓦上霜。

落实箴言 ....

　　彼此协作，是生存的根本。一个有协作精神的员工，
才能真正承担起自己的工作责任，也才能真正落实好自己
的工作。

◈ 合作才能双赢

　　小猴和小鹿在河边散步，看到河对岸有一棵结满果实
的桃树。

　　小猴说："我先看到桃树的，桃子应该归我。"说着就
要过河，但小猴个矮，走到河中间，被水冲到下游的礁石
上去了。小鹿说："是我先看到的，应该归我。"说着就过
河去了。小鹿到了桃树下，不会爬树，怎么也够不着桃子，
只得回来了。

　　这时身边的柳树对小鹿和小猴说："你们要改掉自私的
坏毛病，团结起来才能吃到桃子。"

　　于是，小鹿帮助小猴过了河，来到桃树下。小猴爬上
桃树，摘了许多桃子，自己一半，分给小鹿一半。他俩吃
得饱饱的，高高兴兴地回家了。

　　故事中的小猴与小鹿，就其个体而言，尽管都有自己
的特长，但如果仅凭一个人的力量是摘不到桃子的。然而，
一旦他们组成了一个相互协作的团队后，就出现了取长补

短的奇迹——轻而易举地摘到了桃子。

尺有所短，寸有所长。合作才能双赢。曾有位博士生颇有感慨地对朋友说："在这个竞争的社会里，什么人都不能忽视。"的确，在一个大集体里，干好一项工作，占主导地位的往往不是一个人的能力，关键是各成员间的团结协作配合。因此，在职场中，我们要懂得利用合作的关系，帮助自己渡过难关。只有这样，才能把工作落实好。否则，工作将无从下手，很难进行。

何伟大学毕业后应聘到一家公司上班。在上班的第一天，他的老板就分配给他一项任务：为一家知名企业做一个广告策划方案。何伟见是老板亲自交代的，不敢怠慢，就埋头认认真真地搞起来。他不言不语，一个人费劲地摸索了一个月，还是没有弄出一点儿眉目来，工作也没有完成。

显然，这是一件让他难以独立完成的工作。老板交给他这样一份工作的目的，是为了考察他是否有合作精神。而偏偏何伟不善于合作，他既不请教同事和老板，也不懂得与同事合作一起搞，只是凭自己一个人的力量去做，因此最后根本无法完成工作。

有这样一句名言："靠一根手指，连一个石子也拾不起来。"其实，很多落实的成功都是某种合作形式下的产物。假如你想能出色地完成工作，那么从现在开始就要积极融入团队，与自己的同事合作，共同完成任务。

落实箴言 ....

任何一个人的成功都不可能离开团队的合作，离不开别人的帮助。因为一个人的精力是有限的，也不可能事事精通。因此，必须要学会合作，懂得合作才能双赢的道理。

....

二、勤与上级沟通，确保执行无误

不少人由于存在对老板和上司的畏惧心理，大都是有事情才找上司沟通，平时好像井水不犯河水，老死不相往来。这其实是不对的。作为一名员工在落实工作的过程中，不可避免地会遇到各种各样的问题，我们应该勤于与上级沟通，只有这样，才能确保你的执行无误，确保你的落实到位。

王芳大学毕业后，来到一家公司应聘财会工作，公司安排她从事客服工作。在工作中，王芳有很多地方都不懂，但她也不主动与领导沟通，只是按照自己的理解去做，结果总是与经理的要求相差甚远，最终没有顺利通过试用期。

可见，一个不善于与上级沟通的员工是做不好工作的。良好的沟通能力对员工来说，是工作中必须具备的。职场中的每一位员工都应积极地经常地与自己的上级进行沟通。只有这样，才能保证你又快又好地完成工作。

❖ 随时随地沟通

与老板、上级沟通是一项很重要的人际关系。作为下属，在见到上级领导的时候，多说一说工作上的事情，告诉领导你想了些什么、想怎么做，一来是可以向上级汇报最新的工作情况；二来领导可能给你一些意见和建议，这也对我们的工作很有好处。毕竟，领导站的位置更高，经验更丰富，掌握的信息也更多。所以，多跟老板、上级领导接触，对个人的职业生涯是件极有好处的事情。

与老板、上级沟通不一定非要在他的办公室里，更不是非要到会议室去。事实上，在老板的办公室或会议室气氛往往太严肃，沟通效果会很差。有时候简单的沟通可以在下班的途中，中午的休息室，办公楼的电梯间、停车场等地方进行，这时气氛比较自然轻松，领导的决策会更快，因此，与领导的沟通应该是随时随地进行。

现代职场，可谓竞争异常激烈，如果还是一味信守"沉默是金"的名言，那么无异于自断其路。也许你会说只要我工作认真不就行了吗？还管它沟通不沟通的？其实有这样想法的人不在少数，这是极其错误的。即使真正做到了工作认真，那么你最多也只能是维持现状而已。

与老板、上级有效地沟通，可以有效地展示自我。只知道埋头苦干不是完成的惟一方法，如何与领导进行良好的沟通，才是圆满完成任务的不二法门。应该随时随地与老板沟通，让老板知道你目前的工作进度与状况，在遇到问题时，还要适时向老板发出"SOS"的求救信号，让老板及时了解情况，做出相应的支持，保证工作顺利完成。

与老板、上级沟通是一项很有学问的人际关系。首先要有主动与领导沟通的自觉意识；其次要随时随地抓住机会与领导进行沟通；最后，与老板、上级领导沟通要讲求技巧，寻找合适的与领导沟通方法与渠道。

与老板、上级进行有效沟通，保持良好上下级关系，绝不是溜须拍马，要讲究方法、运用技巧。沟通中要学会倾听，对老板、上级的指导要加以领悟，在表达自己意见时要让领导感到与他自己的意见相符，巧妙借领导的口陈述自己的观点，赢得领导的认同与好感，让沟通成为工作有效的润滑剂而不是误会的开端。要善于研究老板、上级的个性与做事风格，根据老板、上级的个性寻找到一种有效且简洁的沟通方式是沟通成功的关键。要多了解老板、上级的情况，包括家庭、生活、兴趣、爱好以及禁忌等，适当引发与上级共鸣，以得到上级的好感。

现代社会需要的是乐于而且善于与人合作和沟通的员工、实干家。有工作能力很重要，有效地沟通有助于工作的成功开展。如果能随时随地主动与老板、上级领导沟通交流，会让领导全面了解自己的能力、人品，从而赏识和器重自己。这对员工自己的职场生涯无疑会有很大的助益。

落实箴言

多与领导进行工作上的正常沟通，并不会有损名誉和个性，反而会成就多赢局面。向上沟通不同于普通的与下级和同级的沟通，很多沟通的技巧和方法要因人因时因地而定，多总结多积累，方能达成有效的沟通效果。

❖ 主动提出改善计划

再好的公司、再高效的流程都有可以改善之处。作为一名在生产、销售一线的员工，对于可改善的方面往往有更直接的感受，有时比老板、主管领导更清楚应该如何改善能取得更好的效益。但大多数员工常抱有这样的心态："领导又没让我做，我做了也未必有什么好处，何必多此一举"，或觉得"像我这样最普通的小职员，去操心单位的事做什么？"因此不会主动提出改善的建议。

当今市场上有很多记述成功人士成长历程的书籍，粗略读一下你会发现，在工作中主动提出改善建议是成功者具备的基本素质。很多成功人士都是从基层做起的，他们的成功往往是在工作中不断提出改善意见付诸实施，并取得良好成效的长期积累。作为一名普通员工，想要在职场中取得成功，就应该从工作的第一天起，自觉地培养自己发现不足、主动提出改善建议的意识和能力。一般而言，员工能主动提出工作中的改善建议，就会给老板、主管领导留下较好的印象，即使不太现实，也会引起老板、主管领导的注意。

作为普通员工，要想在工作中能够提出改善的建议，首先要有全局意识。员工提出的改善建议，要建立在促进全局提高效益的基础之上，不能为了实现个人或小部门的目标去损害大局，否则必然是伤人又伤己。

其次，提出的改善建议必须选对方向。否则无论你多么聪明，多么用心，如果方向不对，一切都只能是穷忙、瞎忙，离成功会越来越远。成功始于正确方向的选择，方向是成功的根基。选择了正确的方向，才会有成功的可能。

最后，要树立从工作中小事做起的意识，毕竟作为普通员工能够掌握的信息、把握的资源有限，而且从小事做起更容易见到成效。与老板、主管领导能够随时随地进行有效沟通，认真倾听、揣摩、领悟领导的讲话和指示，对员工把握全局发展动向，选择正确的努力方向，提出工作中的改善建议有重要作用。

在工作中发现问题、遇到困难，首先一定要冷静，摆脱困境的方法往往在冷静中产生。要对出现的问题和困难进行耐心细致地分析，直到找到最好的方法，并主动提出自己的改善计划。其次，员工对提出的改善计划要多想几种方法；最后，对解决方法要权衡，选择其中最好的方法。员工提出的解决问题及改善建议必须要深思熟虑，不能光凭热情拍拍脑门就向前冲，这样往往很难解决问题，甚至会引起一些不应有的新问题出现。有积极主动解决问题的热情固然重要，而只有"三思而后行"才能真正达成好的结果。

这类事例不胜枚举，其中香港富豪郑裕彤的事例颇具代表性：

郑裕彤出生于贫寒之家，小学毕业后，便到"周大福金铺"去当学徒。尽管做的是最底层的工作，但他每天早早赶到金铺，将金铺收拾打扫得干干净净。往往是等他收拾完了之后，其他人才到。店里的伙计大多只知道埋头做本分事，而郑裕彤除了做好自己分内事外，还特别爱动脑筋，经常琢磨怎样做才能更有利于金铺的发展。

一天，老板让他到码头接一位亲戚，在码头他看到有一位南洋侨商上了码头向人打听可以上哪里兑换港币。郑裕彤听后立即走过去说，周大福金铺可以兑换，而且价格也最公道，并立即带路将这位侨商带进了周大福，之后又赶回码头接老板的亲戚。郑裕彤的这一做法让周老板大为赞赏。

有一次，其他伙计已开工了，郑裕彤才气喘吁吁地跑进来。老板很生气，问他到哪里去了。郑裕彤回答说，自己看人家珠宝行做生意去了。老板好奇地问他看出了什么名堂没有。

郑裕彤说："我看别人家做得精明，只要客人一踏进店门，店里老板、伙计都笑脸相迎，而且有问必答；无论生意大小一视同仁；即使生意做不成，客人也会留下好印象，以后还会光顾！另外，黄金、珠宝生意一定要把店铺开在旺地，门面装修要讲究，特别是做珠宝生意，一定要显得十分气派。"

郑裕彤的回答让老板对他刮目相看，以后老板有意识地培养他，后来还将女儿嫁给了他。在郑裕彤的经营下，"周大福"已经成为了珠宝行和金铺的代名词。

假如郑裕彤面对那位兑换港币的南洋侨商是这么想的："金铺又没多给我工钱，我主动去管什么闲事，多一事不如少一事"；假如他不主动去琢磨怎么做生意，而是想："我一个小伙计，就算操这份心又有什么用？"……或许，这位香港金行龙头老大"周大福"掌门人的人生就是另一副模样了。

落实箴言

主动提出改善建议，对普通员工而言，的确是很难做到的事情。但如果大家都不想如何改善而你却主动提出了，相信一定会得到老板、上级领导的赏识。普通员工要自觉培养自己发现不足、主动提出改善建议的意识和能力，养成不断思考提高工作效率的习惯。

◈ 让领导做选择题而非问答题

老板、上级主管往往都非常忙碌，他们的时间似乎总是不够用，所以，不论是与老板、上级沟通还是向领导请示工作的时候，一定要充分准备好，任何时候都不能只拿一个答案或方案走进领导的办公室，要让领导做选择题而非问答题。

要让领导做选择题，那作为下属员工，就应该提前想出几个答案、准备好几个对策提供给领导，而且还要对每个方案的优缺点和可能的后果进行分析。当然，答案、方案最好是三四个左右，太多或太少都会使领导不好选择；

还有就是要让领导明白你自己倾向于选择第几个方案。

员工如果能够做到这样，好处是多方面的，首先，有利地工作的完成；其次，这样做能够培养自己全面分析判断问题、解决问题的能力，这是在职场中取得成功必须具备的能力，有利于未来的长远发展。

与老板、上级进行有效沟通，员工最重要的是在心理上要不惧怕与领导沟通；主动提出改善计划、建议，则最能体现员工的自觉性；而让领导做选择题而非问答题，才真正是员工自身智慧、实力的体现。作为一名普通员工，要想在职场中成功，这三方面缺一不可。

落实箴言

作为下属普通员工，与领导沟通或请示工作，如能做到不但提几个方案，而且还能对每个方案的优缺点和可能的后果进行分析，这才是真正负责任的合格员工。

三、团队之内要搞好协作

科学技术的日新月异使社会分工越来越细，当今社会中，可以说很少有人能够做到独自成功。工作中，仅靠员工一个人将工作落实到位几乎是不可能的，落实往往需要团队内所有同事的配合、协助。作为一名员工，要想在职场中获得成功，与团队之内的同事搞好协作非常重要。

希望工作能够顺利落实到位，就必须和团队之内的同事搞好协作。首先要善于与同事交流，交流是协作的开始，交流中要多听听对方的想法，并把自己的想法说出来；其次要注意尊重团队内的同事，平等地对待对方。即使你各方面都很优秀，认为凭自己的能力基本上能落实好眼前的工作，也不应在工作中显得太张狂，毕竟每个人都会有不短的职场生涯，以后工作中会遇到更多问题，没有同事协作不可能将所有工作都做好。

身处高效团队之中，周围有可以协作的同事，对员工的成长、进步会有很大帮助，即使有时会有矛盾、冲突，大家都是为了团队的建设和自身的发展，也比较容易处理好。作为一个团队内的同事，工作中相互帮助十分重要，要学会体谅他人，主动帮助同事做好工作，当自己工作遇到棘手的问题时，同事也会出手援助，从而更好地完成工作。

勤于交流善于合作，有团队协作意识的员工，整个团队也能带给他更多的帮助。要想在工作中快速成长，就必须依靠团队，依靠集体的力量来提升自己。搞好团队之内同事的协作，就能够把工作做得更快、更好、更到位。

◇ 正视工作中的良性冲突

任何一个组织或团队都是由数量不一的人组成，人与人之间存在着各种各样的差异性，对同一个问题会有不同的看法和处理方式，因此，工作中就会产生矛盾，矛盾激化就演变成了冲突。

工作中的冲突一般可以分为两大类：一类为破坏性冲突或称恶性冲突；另一类为建设性冲突或称良性冲突。恶性冲突往往是由于双方目标不一致而造成的，这类冲突具有很大的破坏性，不利于团队的发展。其实一般来说，团队内多数存在的是建设性的或称良性的冲突，即双方目标一致而手段或途径不同的冲突，这类冲突若处理得当，对于团队目标的实现是有利的。

多数人对团队之内的冲突第一感觉往往是负面的，认为不论是冲突本身还是造成的影响，都会对组织或团体的发展不利，其实只有破坏性冲突即恶性冲突才会如此。我们在工作中要远离这样的冲突，尽量不与同事发生恶性冲突。

实际上，团队之内大多数的冲突是建设性冲突即良性冲突，这类冲突对团队的工作和组织效率有积极的一面，甚至还有学者认为，建设性冲突是"有益的冲突"，对团队发展和效率提高作用巨大，在团队中是必不可少的，应理性、现实而乐观地看待组织内"有益的冲突"，通过有效地管理让这种"有益的冲突"发挥积极作用。

工作中团队内的冲突不可避免，而且多数是积极有益的建设性冲突。与同事在一个团队中工作，大家的目的都是希望团队不断进步取得更好的成绩，进而实现自己的人生价值。如果由于对问题的认识、处理的观念、采取的方法与同事有不同想法，工作中与同事发生了矛盾与冲突，身处这样的冲突之中，员工首先要保持乐观冷静，了解对方的观点、意见，不能讽刺、指责、嘲笑同事；其次，要对同事的观点、意见认真分析、思考，充分发挥自己的聪明才智，以对方观点中的长处弥补自己存在的不足；还可以主动与对方沟通，通过讨论交流，完全可能迸发出灵感的火花，找到更好地解决问题的想法和途径。

主动与发生冲突的同事进行沟通，大家以争论工作中的问题为中心，心平气和、开诚布公地探讨问题产生的原因，研究制订解决问题的方案，这种沟通方式的效果可能会比一起旅游、娱乐等形式更能加强、巩固彼此间的关系，毕竟大家的目标都是为了解决工作中的问题，希望把团队搞得更好。

落实箴言

作为一名员工，应该将在工作中与自己有冲突的同事看成自己的"高参"，将他们的观点、意见当成是"高参"在为自己从多方位、多角度提供解决问题的建议。

◈ 先帮助别人，别人才会更愿帮你

俗话说，同行是冤家，在同一领域共事的人，如果因为共同的利益相互争抢，彼此勾心斗角，就会成为纠缠不清的冤家。其实，在职场中建立良好的人际关系，对每个人的生存和发展都有好处，有时候搬开别人脚下的绊脚石，恰恰是为自己铺路，帮助同事就是帮助自己。在当他人遭到困难、挫折时，伸出援助之手，给予帮助，你给别人的关心和帮助，当自己遇到困难时往往也会得到回报。

良好的人际关系都是双向互利的。工作中，提供给他人机会、帮助其实现目标，对于处理好人际关系是至关重要的。许多职场过来人表示，在帮助别人时，任何一种努力都不会白费，在企业的发展中，也非常需要主动帮助别人，这样做的员工，老板和同事也会欣赏喜欢。

在职场中，一起工作的同事少的三年五载，有的甚至会有二三十年，谁也不能保证自己一帆风顺。在同事遭遇不幸时，身边的同事给予亲切的帮助慰问，会让同事感受到来自集体的温暖，能更好化解心中的悲伤，有时同事的支持常常比亲人的安慰还重要，能够使同事尽快地从不幸中解脱出来。工作中，在同事上班以后，彼此间的一声问候，中午休息时帮助买来的一盒饭，下班时招呼一起走，都是对同事最大的关心和照顾，同事之间的相互关心，会使人感到同事的信任和理解，营造融洽和谐的工作气氛。

当然，在职场中帮助同事做事也要讲求技巧。在单位里，帮忙有多种方式，最好能做到"雪中送炭"。工作中，多数人很想得到大家的帮助，但往往不好意思向人提出，员工若主动去帮助同事，别人会从心眼儿里感激你。如果工作中员工自己再遇到困难，同事也会在工作中更主动地配合和帮助你。其次，在工作中想要帮助同事的时候，一定要征求对方的意愿，并遵照对方的意见帮忙，千万不要贸然行动。那些"包办代替"或"越俎代庖"式的帮助，往往会引起同事的反感。

如果你是一名新员工，更要注意主动请求同事的帮助。新员工寻求同事帮助，不是丢脸的事，而是对同事的尊重，除此之外，毕竟新同事在工作中出现问题，会影响到团队中的其他人。新员工主动请求同事帮助，能积累更多的经验，多从同事那里汲取经验，能更少犯错误，更好地开展工作。

作为同事，帮助新员工或能力比自己弱的同事，不仅可以帮助他们少走弯路，更会赢得更多的感动和尊重，会使集体更团结，大大提高工作效率。

落实箴言

人各有所长，你先帮助别人，别人才会愿意帮助你，同时，你还会赢得别人的尊重。你帮助别人，别人帮你，团结互助，团队之内才能搞好协作。

◈ 学会体谅他人

一位心理学家曾经说过，一个人往往能够从别人的脸上看到自己的表情。这句话深刻反映了人与人之间的相互影响。作为一名员工，要做好一项工作，离不开团队内他人的协作，与别人合作中应该多替他人着想，学会体谅他人，要学会从他人的角度考虑问题，必要时要作出适当的自我牺牲，团队才能提高效率，才会更好地完成工作。

工作中，周围的同事的态度就是一面镜子。你对别人好，别人就对你好；同样地，你对别人冷淡，别人也会对你冷淡。真诚、热情地对待同事，学会体谅他人，不但能够得到对方的体谅和尊重，更能搞好团队的协作。相反，如果自私自利，一切以自我为中心，处处表现自己，待人虚情假意，处处设防，在取得成绩之后，将大家的成果占为己有，那么同事们对之也自然会冷漠无情。这样的团队不可能搞好协作，必将是一个低效的团队，团队中的人也不会创造好的效益。

古希腊哲学家苏格拉底曾经说过："不要靠馈赠来获得一个朋友。你须贡献你挚情的爱，学习怎么用正当的方法来赢得一个人的心。"体谅他人就是"爱"，与同事"挚情的爱"是至关重要的。生活是不能没有"爱"的，有了爱，才有热情，才有追求，才有进取。工作中团队内不能没有"爱"，否则只会相互猜忌，最终都会一事无成。

落实箴言

学会体谅他人，团队内人与人之间也会相互体谅。怀着一颗感恩的心面对同事，体谅同事，大家才能共同努力，团队才会搞好协作，每个人才会得到相应的回报。

四、培养有效地沟通能力

职场中，能够与领导、同事及客户进行有效沟通，往往是员工能否将工作落实到位的基础。"听不明白"、"说不清楚"即使再有能力，也不可能做好工作。所以，能够与别人有效沟通是我们应具备的基本能力。

有效沟通是一种能力，不是耳朵能听见和说话口齿清晰这么简单。领导讲话"听不明白"就不知该做什么；"说不清楚"就不能解决客户问题，沟通不畅常常造成不必要的误会。有效沟通是有技巧的，需要在生活工作中不断培养才能掌握。

工作落实到位离不开有效地沟通。不充分、不到位地沟通是导致落实不到位的重要原因。与人沟通一定要"听明白"别人讲话的内容，"说清楚"自己要表达的意思。无论员工处在什么样的岗位上，都要把有效沟通看做自己的责任，并在工作落实中努力加强自己的沟通能力。

与人们通常的认知不同，有资料显示，真正的有效沟通最重要的不是"说清楚"而是"听明白"，沟通达到更好的效果，要用80%的时间倾听，说话有20%的时间就足够。

职场中，员工培养自己有效沟通的能力，首先要做到主动与领导、同事和客户交流。其次，沟通中不能轻易打断别人，要认真倾听别人说话。还应做到与领导沟通要先听后说，对领导提出的问题要准备多个解决方案。

掌握和运用沟通的技巧，培养有效沟通的能力，员工才能在工作中不断进步。良好沟通是职场成功的开始，有效沟通是工作落实的关键。

❖ 倾听别人讲话，不轻易打断别人

最有效地沟通，往往不是如何表达自己的观点和见解，

而是倾听别人讲话，不轻易打断别人。

刚参加工作时最欠缺的就是处理问题的各种经验与阅历，毕竟学校与社会之间存在很多不同。与老板、领导和同事有效沟通，向别人学习是快速增长经验和阅历非常重要的手段；倾听别人遇到问题、困难是如何解决的，从中汲取经验，对员工的成长往往有事半功倍的效果。据有关调查研究发现，与老板、领导和同事沟通、学习人家的经验，最有效的方法就是倾听。

很多人都会认为，在工作中遇事经常发表自己的见解，可以树立良好的形象。实际情况是，新员工往往对情况的了解不全面，对产生问题的深层次原因不清楚，发言难免想当然、理论化，只会给人留下幼稚的感觉。对新员工而言，认真倾听是对别人最好的尊重，更利于树立自己的形象。员工倾听别人的讲话而不去打断，才能全面了解产生问题的深层次原因，了解别人遇事后如何思考、应对的技巧，是对别人最好的尊重，同时也可以赢得别人的尊重。

工作中，人们往往在他人还未说完的时候，就迫不及待地打断对方，或者心里早已不耐烦了，往往不可能把对方的意思听懂、听全。作为一名新员工，如果你愿意给别人表达的机会，让他们尽情地说出自己想说的话，大家会觉得你值得信赖，会愿意与你交往。常常有新员工不能给领导、同事留下好的印象，不是因为员工自己工作不努力或表达得不够，而是由于自己不注意听别人讲话。别人讲话的时候，员工四处环顾、心不在焉，或是经常打断别人讲话，急于表达自己的见解，这样做谁都会不高兴，长此以往就会成为不受欢迎的人。

在与人交谈中，或是别人发言中，轻易打断别人说话，是一种非常不礼貌的行为。一名员工，如果自己无法接受人家的观点，那可能会错过很多机会，而且无法和对方建立融洽的关系。就算是说话的人对事情的看法与感受，甚至所得到的结论都和自己不同，人家还是可以坚持自己的看法、结论和感受。尊重发言者可以让对方了解到自己很尊重他的想法，这样才会与别人建立融洽的关系。

如果在倾听过程中，没有听清楚，没有理解，或是想得到更多的信息，想澄清一些问题，想要对方重复或者使用其他的表述方法，以便于你的理解，或者想告诉对方你已经理解了他所讲的问题，希望他继续其他问题的时候，应当在适当的情况下，采用合适的方法让对方知道。这样做一方面会使对方感到你的确在听他的讲话；另一方面有利于你对事情的全面了解。

倾听别人讲话，提高理解效率，增长自己的经验，首先要听清别人讲话的全部信息，倾听中要克服自己的习惯性思维，不要听到一半就心不在焉，更不要匆匆忙忙下结论。其次要注意整理出一些关键点和细节，并认真记忆以便回顾。还要注意听别人讲话的语调、重音及语速的变化，三者结合才能完整地领会讲话者的真正含义。另外要注意讲话者的一些潜台词。

倾听别人讲话，不轻易打断别人，能听明白很多道理，增长很多见识。不轻易打断别人，是对别人的尊重，也会赢得别人的尊重。

◈ 给领导的答案最好有三四个

学校与社会差异最大之处是，老师、教授提出的问题，大都对应有一个正确的答案；而在生活工作中，一个问题往往会有多种解决办法。作为一名员工，遇到困难或工作中出现问题时，要抛弃只会有一个正确答案的惯性思考模式。

面对工作中的问题和困难，员工要沉着不能心慌意乱，要冷静开动脑筋，从不同方面寻找问题、困难发生的原因，针对不同原因找出不同的解决方案，再对各个方案进行比较权衡，从中找出几个比较可行、容易产生效果的方案向老板和主管提出；如果各个方案的优势与不足相差不多，难以把握，也可将几个方案都提出，供老板、主管领导选择。

切记不能一个问题只提出一种解决方案向领导请示，这样常常会给领导留下不好的印象。当然，员工最不可取的做法是，只要遇到问题、困难，就向老板、领导诉苦、发牢骚，自己提不出任何方案，完全指望老板、领导想办法解决。

工作中的问题和困难，都会有解决的办法，关键是员工要冷静思考。如果担心自己经验不够可能考虑不周，可以多请教有经验的同事，请他们帮忙提出解决办法。作为一名员工，虚心向同事请教、学习，不是丢脸的事，态度诚恳、认真更能融洽同事之间的关系。

遇事给领导提出三四个解决方案，不仅能说明员工在工作中善于思考，而且有利于领导尽快确定或提出解决方案，以便很好地迅速解决出现的问题，毕竟老板、主管领导的工作繁忙，对产生问题的原因不一定全面了解。

通常，老板、主管领导会询问员工的选择，这时，不管多么难以权衡，员工一定要提出看好的答案，并且讲出理由，这不仅说明员工用心思考了问题，而且有判断，员工这样做，即使提出的方案有不足，也会给领导留下很好的印象，利于员工今后的发展。

落实箴言

遇事冷静思考，提出三四个解决方案供老板、领导选择，往往会使领导尽快做出决定，有利于问题的解决，可减少问题造成的损失，提高工作效率，还可能为员工未来的发展提供机遇。

◇ 先听后讲话

与老板、领导、同事保持有效地沟通，先听后讲话是员工应具备的基本素质，总想表达自己的观点，不能耐心把事情听清楚，或是不能把别人讲的话真正听懂，不利于员工为人处世，会使员工自以为是、不能体恤他人，长此以往对自身的修养也会有损害。

先耐心听完别人的话，全面了解事件发生的各种因素，再表达自己的观点也不迟。当事情还没听清便急于发表见解，所发表的观点也未必正确。

先听也有要注意的问题，必须把注意力完全放在对方的身上，包括注意对方的肢体语言，明白对方说了什么、没说什么，以便明白对方的话所代表的真正意义。很多人都不会直接说出自己真正的想法和感觉，往往会用一些暗示来表达自己的看法。不认真听这种暗示性的说法就会阻碍沟通，造成误解就可能会导致双方的失言或引发冲突。所以一定要听懂对方暗示性强烈的话。

与对方有矛盾时，倾听别人说话可以降低分歧的意味，表示自己愿意客观地考虑别人的看法，这会让说话的人觉得尊重他的意见，有助于融洽彼此的关系，有助于交换意见。对方先提出他的看法，你就有机会在表达自己的意见之前，掌握双方意见一致之处。倾听可以使对方更加愿意接纳你的意见，让你在说话的时候，更容易说服对方。

先听可以找出重点，把注意力集中在重点上，这样才比较容易从对方的观点了解问题，不会因为错过主要的内容，而浪费时间或做出错误的判断。先听还可以有时间整理问题重点，提前找到说服对方解决问题的办法。

不善于听人说话，是对人的不尊重，很难赢得人家的尊重，不可能与人保持有效沟通。没听清别人的话就讲话，所发表的观点难免偏颇，不利于员工营造融洽的人际关系，会给老板、领导、同事留下不好的印象，影响员工未来的发展。

落实箴言

有效地沟通源于先听，听懂后再发言才能言而有据、言而有理，这是员工在职场取得成功必须具备的良好素质。

后 记

编写此书对笔者来说，也是一次综合、整理和提高相关知识的过程，由于时间和篇幅的原因，书中的内容，如所选事例、顺序安排等很多细节之处，总感觉还有不少可以改善之处。由于能力有限，文中难免出现一些值得商榷之处，敬请读者见谅。这句套话在此说出，绝对不同于以往，完全出于真心，请读者明鉴。

停笔之际，总有些意犹未尽不吐不快的感觉，利用后记再与读者做些交流：

1. 对于"落实的重要性"，总有用文字难以尽述的感觉，对此还望读者多多留意，不应只停留在书中表述的程度。"落实的重要性"应该说怎样表述都不过分，具体到何种程度，有赖于读者在工作中进一步体察、感悟。

2. 对于"落实的作用"，应该说涵盖的范围是非常广泛，涉及工作、生活的方方面面。员工首先是一个人，对生活中的任何事情都做到落实到位，对员工的家庭和睦、构建和谐社会都有巨大的作用，落实的作用绝不仅仅限于工作中。

3. 对于"工作落实到位",最重要的莫过于员工的态度。套用一句话就是,态度决定结果,落实要端正态度。员工具有自主、自觉、创新工作态度,才能将工作落实到位。

4. 对于"关键在于落实",对员工来说最重要的首先要干,要立即行动;其次要巧干不能蛮干;还要注意创新;积累经验。

5. 对于"落实的技巧和方法,"员工都有自己的特点和能力,本书介绍的技巧和方法可能对员工不太适用,最重要的是员工学习掌握最适合于自己的技巧和方法,才能有效提高自己的落实能力。

总之,提高员工工作能力,"关键在于落实";做到落实不仅要懂,而且更要悟;员工要自信,不能迷信书本和经验;员工将工作落实到位,还要培养自己的创新能力。